Karin Österreicher

**Surftravelling
In 13 Wochen um die Welt**

Bibliografische Information der Deutschen Nationalbibliothek:
Die Deutsche Nationalbibliothek verzeichnet diese Publikation in der Deutschen Nationalbibliografie; detaillierte bibliografische Daten sind im Internet über http://dnb.dnb.de abrufbar.

© 2015 Karin Österreicher

Cover: Michael Wabro
Lektorat: Martina Fank
weitere Mitwirkende: Wolfgang Katzer

www.surftravelling.at

Herstellung und Verlag:
BoD – Books on Demand, Norderstedt

ISBN: 978-3-7392-1310-1

# Reiseroute Mai-August 2014

## INDONESIEN

01. Mai: Wien – Ostjava

02. - 20. Mai: Pulau Merah

21. - 30. Mai: Bali

## AUSTRALIEN

30. Mai: Brisbane

31.5. -13. Juni: Noosa

## FIDSCHI

14. - 18. Juni: Fidschi

19. - 26. Juni: Taveuni

## HAWAII

27.6. - 03. Juli: Oahu-Hawaii

04. - 08. Juli: Kauai – Hawaii

## NICARAGUA

09. - 30 Juli: Nicaragua

# Prolog

Ich wollte schon immer eine Weltreise machen. Als ich während meiner Studienjahre als Snowboardlehrerin in Sankt Anton am Arlberg arbeitete, traf ich viele Weltreisende, vor allem Australier und Kiwis, welche sich mit Saisonjobs wie Tellerwaschen den Traum vom europäischen Skiwinter verwirklichten. Ich war fasziniert und wollte genau in die andere Richtung – weg aus Europa. Damals rückte die Realisierung einer großen Reise in weite Ferne, denn ich hatte einfach kein Geld und stieg wie die meisten anderen Menschen ins Berufsleben ein. Die Jahre vergingen und ich begann mich zu fragen: „Würde ich wirklich noch eines Tages Kiwis in Neuseeland pflücken?" Niemand weiß, was einem die Zukunft bringen wird. Bei Wolfi und mir war es tatsächlich so, dass wir noch sechs Monate vor unserem Abflug niemals gedacht hätten, dass uns eine Weltreise bevorstehen würde. Wir waren starr und bequem in unseren Alltag, in familiäre und berufliche Pflichten eingebunden.

Meine Arbeit hat mich auch motiviert, dieses Reisebuch zu schreiben. Als Sportwissenschafterin in einem onkologischen Rehabilitationszentrum treffe ich täglich auf Menschen, welche sich aufgrund ihrer körperlichen, finanziellen oder beruflichen Situation nicht frei bewegen können. Bereits vor unserem Abflug war meine Reise bei den Patienten in unserem Zentrum Gesprächsthema Nummer eins. Sie wollten mit mir über die Destinationen sprechen und schon vorab an meinen Glücksgefühlen teilhaben. Einige kamen nur vorbei und gratulierten mir zu meiner Entscheidung – ohne mich überhaupt als Therapeutin zu kennen. Und eine Patientin umarmte mich sogar, obwohl ihr nur andere von meinen Plänen erzählt hatten. Es waren unglaubliche Momente.

Hier nun aber die Geschichte einer kleinen Auszeit. Wie wir es schafften, uns für drei Monate unsichtbar zu machen und das zu tun, was in Österreich nicht möglich ist: Wellenreiten.

## Zuerst die Arbeit, dann das Vergnügen

In meinen Mittdreißigern war in meinem Leben wirklich alles stabil. Seit acht Jahren hatte ich Wolfi, meinen wunderbaren Freund und Partner, an meiner Seite. Beinahe ebenso lange fuhr ich fünf Tage pro Woche in dieselbe Firma. Genau so würde es vermutlich auch noch die restlichen Jahre weiter gehen. Ich ging zwar immer gerne arbeiten, aber ich reise und surfe auch gerne.

Bei Wolfi lief es im Jahr 2013 hingegen nicht ganz so rund. Er hatte Wirtschaft studiert, war beruflich erfolgreich gewesen und hatte, je nach Firma, jahrelang dafür gesorgt, dass es in Österreich ausreichend Bananen, Alkohol und auch Putzmittel gab. 2013 spürten wir jedoch, dass unsere tägliche Routine plötzlich zur Belastung wurde. Wo würden wir uns in fünf, wo in fünfzehn Jahren sehen?

Wenn wir beide über unser Leben nachdachten, hatten wir stets den Gedanken an eine längere Reise im Kopf. Mehr Zeit füreinander haben, weg vom

Alltag und andere Länder erkunden. Was hielt uns eigentlich wirklich davon ab? Warum nicht länger unterwegs sein? Noch dazu, wo wir uns gemeinsam in den Sprachen Französisch, Englisch und Spanisch ergänzten und somit perfekt auf eine Weltreise vorbereitet wären?

Im Oktober des gleichen Jahres stand ich, an einem stinknormalen Arbeitstag, am Firmenkopiergerät, als zufällig die beste Chefin der Welt, nämlich meine, vorbeikam. Völlig unvorbereitet für uns beide und ohne viel Small Talk sprudelte es aus mir heraus: „Was halten Sie eigentlich von unbezahltem Urlaub?" Ohne mit der Wimper zu zucken, kam die Antwort: „Wäre in Ordnung, jedoch nicht länger als drei Monate." Drei ganze Monate! Dieser Satz beflügelte ab diesem Moment meine Gedanken und war immer im Hinterkopf, wenn der Alltag zu alltäglich wurde.

Doch noch lag eine konkrete Reiseplanung oder gar ein Abflugtermin in weiter Ferne und wir verbrachten den Winter mit dem Austausch von vagen

Ideen für eine Reise, die irgendwann starten würde. Sollte unser Traum wirklich wahr werden? Und plötzlich ging es Schlag auf Schlag. Im Jänner rief mich Wolfi während seiner Mittagspause an und sagte: „Die Firma und ich werden uns Ende April einvernehmlich trennen." Die Aussicht auf Freiheit fühlte sich sofort unglaublich an. Bereits an diesem ersten Abend, einem Mittwoch, mailte ich meiner Chefin die Neuigkeiten und erinnerte sie an unser damaliges Gespräch beim Kopiergerät. Als Antwort darauf bekam ich: Nichts! Keine Antwort am Donnerstag. Keine Antwort am Freitag. Und dabei wusste ich doch, dass sie via Smartphone ihre E-Mails immer liest. Als wir samstags frühstückten, sagte ich, schon etwas bedrückt, zu Wolfi: „ Es kann sein, dass ich nicht frei bekommen werde und nicht mitfliegen kann." Daraufhin sah er mich mit dem verliebtesten Blick, der nach acht gemeinsamen Jahren noch möglich ist, an und erwiderte: „Dann wird es wohl der Sommer meines Lebens werden!" Wir lachten und blieben einfach zuversichtlich.

Als ich montags im Büro meinen PC startete und meinen Posteingang öffnete, war ich doch sehr angespannt. Und darin fand sich: NICHTS! Was für ein Tiefschlag, ich konnte es nicht glauben. Natürlich wusste ich, dass meine Chefin die Entscheidung nicht alleine treffen konnte, doch ich war enttäuscht und wollte die Hoffnung trotz allem nicht aufgeben. Dann, am Dienstagmorgen, öffnete ich meinen Posteingang, las den Namen meiner Chefin, den Betreff: Weltreise und dann nur noch den einen Satz: „Liebe Frau Österreicher, es geht in Ordnung."

Ich begann sofort, Tränen des Glücks zu vergießen, pure Freude. Ein Vogel mit offener Käfigtür könnte sich nicht glücklicher fühlen als ich in diesem Moment! Mein erstes SMS ging mit folgendem Inhalt an Wolfi: „Mein lieber Schatz! Es wird auch der Sommer meines Lebens werden!"

## Die Planung der Reiseroute

Eines stand gleich mal fest: Unser Abflugdatum würde der erste Mai 2014 werden. Nun kamen wir in die Planungsphase, in der sich uns viele Fragen stellten. Welche Kontinente und Länder würden wir bereisen wollen? Was schafft man überhaupt in drei Monaten beziehungsweise 13 Wochen? Könnten wir die ganze Erde umrunden?

Es gibt so viele schöne und sehenswerte Plätze auf dieser Welt. Einige davon hatten wir auch schon gesehen, weshalb wir möglichst neue Länder bereisen wollten. Die Planung selbst fiel uns erstaunlich leicht, da wir uns grundsätzlich auf die Sportart Wellenreiten konzentrieren wollten. Wir versuchten nun unsere gemeinsamen Erfahrungen einiger anderer, kürzerer Surfreisen zu einer „Superreise" zu kombinieren.

Zuerst mussten wir uns für eine Reiserichtung entscheiden. Wir wussten, dass es in Indonesien ab Mai perfekte Surfbedingungen gibt. Beim Planen mussten wir jedoch auch berücksichtigen, dass es auf der Südhalbkugel ab Mitte Juni winterlich wird. Das würde bedeuten, dass der Bikini für Bali in Sydney Gefrierbrand auslösen würde. Gleichzeitig wollten wir mit leichtem Gepäck reisen und kein Winteroutfit durch die Tropen schleppen. Wir suchten im Internet nach der besten Reisezeit oder der Klimatabelle für dieses oder jenes Land. Reisewarnungen fanden sich über das Auswärtige Amt, Impfvorschriften über ein Tropeninstitut. Sobald wir eine Zielregion ausgewählt hatten, mailten wir Leuten vor Ort, zum Beispiel Hotels oder Surfcamp-Betreibern. Natürlich sind die meisten Menschen stolz auf das Land, in dem sie leben und versuchen daher, die besten und schönsten Tipps zu geben. Im Gegensatz dazu ließen uns Berichte über Überfälle oft schon vor dem Reiseantritt nervös werden. Aber dann erinnerten wir uns an den bekannten Spruch: You never know before you go!

Mithilfe dieser Überlegungen grenzten wir Länder und Kontinente ein. Ich suchte nach Flügen und Flugzeiten und wir wussten bald, dass wir kein fertiges „Round the World Ticket" aus dem Reisebüro buchen konnten. Unsere Destinationen waren zu individuell.

Unser erster Monat war schnell geplant. Wir würden über Amsterdam nach Kuala Lumpur und von dort nach Bali fliegen. Ich hatte von guten Wellen in Ostjava gehört, und bald hatten wir beschlossen, dass dies unser erster Stopp sein würde.
Im Hinterkopf behielten wir Lombok, die andere Nachbarinsel Balis.
Nach den ersten vier Wochen in Indonesien planten wir die Weiterreise nach Australien, jedoch nur nicht zu weit südlich. Brisbane war für unseren Geschmack eine zu große Stadt, aber das Surferstädtchen Noosa weiter nördlich sprach uns an. Hier würden wir meinen Geburtstag feiern und auf Fraser Island, der größten Sandinsel der Welt, campen.
Um diese Jahreszeit ist es bereits herbstlich in Australien und auch das Wasser ist kälter als im Sommer. Daher wollten wir zwar die Gegend und vor

allem die außergewöhnliche Tierwelt Australiens erleben, jedoch nicht zulange bleiben. Nach nur zwei Wochen planten wir unseren Weiterflug in die Südsee, von Australien mit einem Katzensprung erreichbar.

Die Planung für Fidschi gestaltete sich am zeitintensivsten. Viele Resorts, schicke Restaurants, surfbare Wellen nur per Boot zugänglich, mit einem Wort: TEUER. Doch dann entdeckten wir eine kleine Surfinsel namens Qamea im nördlichen Teil der Inselgruppe, vielleicht keine Weltklassewellen, doch eindeutig leistbarer als die anderen Inseln – dort wollten wir unbedingt hin. Noch nie von dieser Insel gehört? Wir auch nicht. Und schon ging es weiter mit der Planung: E-Mails schreiben, Flüge suchen, im Zeitplan bleiben.

Nach zwei Wochen Inselleben am anderen Ende der Welt war es nur noch ein logischer Katzensprung nach Hawaii, Oahu. Unsere dortige Ankunft fiel denkbar ungünstig auf den Monat Juli, Amerikas Hauptreisezeit neben Weihnachten. Außerdem ist der vierte Juli Pearl Harbour Gedenktag und aus Angst vor völlig überfüllten Stränden planten wir gleich nach fünf Tagen unseren Weiterflug auf eine Nachbarinsel. Wir entschieden uns für die Garteninsel Kauai.

Als nächsten Stopp hatten wir lange Mexiko auf unserer Reiseliste. Doch irgendwann wurde es aus Budgetgründen gegen Nicaragua ausgetauscht.

Sobald wir uns für Gegenden und Orte entschieden hatten, nahmen wir Kontakt mit Hotels, Surfcamps und Tourveranstaltern auf. Somit wussten wir vorab, wo wir wohnen würden, welche Touren vor Ort geplant waren und wie es mit den durchschnittlichen Lebenserhaltungskosten im jeweiligen Land aussah. So hatten wir innerhalb von einem Monat die Planung und ungefähren Kosten für die gesamte Reise, nämlich geschätzte 10.000,- Euro pro Person, fertig.

# Die letzten Wochen vor der Abreise

Nachdem wir die Reise fixiert hatten, informierten wir sofort unsere Familien über diese unglaublichen Pläne. Sie waren begeistert, doch konnten sie uns nur minimal bei der Umsetzung helfen. Unsere Wohnsitze lagen zu weit auseinander, um sich während der langen Zeit um die Blumen kümmern zu können. Daher sollte unser Nachbar unser wichtigster Verbündeter werden.

Er wohnte schon ewig bei uns im Haus und wir würden ihn nur noch fragen müssen. Er war zwar viel unterwegs, doch wir hatten uns schon öfters nett unterhalten. Eigentlich regelmäßig, bis zu dem Tag, an dem wir unsere Weltreise beschlossen hatten. Daraufhin war kein Nachbar mehr weit und breit zu sehen. Manchmal, spät abends, hörte ich Musik, wollte aber so spät nicht mehr stören. Irgendwann beschlossen wir einen Zettel an seine Tür zu hängen. Noch am gleichen Abend kam er uns besuchen und wir tauschten die aufregenden News aus. Gerne würde er unser Projekt unterstützen. Und als ich später zu ihm sagte: „Wir wollten dich schon viel früher informieren, haben dich aber nie angetroffen", meinte er nur: „Wieso? Erst letzte Woche hat mir Wolfi doch ein Paket vorbeigebracht." Aha, auf meinen Reisepartner war also Verlass. Wolfi meinte dazu nur: „Die Weltreise hatte ich in dem Moment einfach vergessen."

Jetzt hatten wir also jemanden gefunden, der unsere Wohnung versorgen würde. Mein Bruder übernahm mittels Nachsendeauftrag unsere Post, eine Freundin kriegte den Ersatzschlüssel für die Wohnung und das Auto, den Wasserhahn würden wir abdrehen und natürlich meldeten wir die GIS ab. Drei Monate würden wir sicher keine TV-Gebühren in Abwesenheit zahlen.

Unser Flughafentransport wurde auch noch viel diskutiert, denn wer würde für uns schon gerne um 04:00 h morgens aufstehen. Einer unserer vielen hilfsbereiten Freunde erklärte sich gleich dafür bereit. Jedoch war die einzige Voraussetzung, dass wir vorab ausprobieren würden, ob und wie er unser

Übergepäck (= Boardbag) im Auto sichern konnte. Er hatte nach jahrelangem Dienst bei der freiwilligen Feuerwehr einfach schon zu viele Unfälle gesehen und wollte auf Nummer sicher gehen. Eines vorweg – wir schafften es unfallfrei zum Flughafen. Nun war wirklich alles perfekt organisiert. Wir gingen nur noch zur Arbeit und zählten die Tage bis zum Beginn unserer Auszeit.

Zwei Wochen vor unserem Abflug fuhren wir nach Oberösterreich, wo wir Ostern mit unserer Familie und Freunden verbrachten. Das Wochenende verlief toll und alle waren aufgeregt wegen unserer Reise. Einige Verwandte waren etwas besorgt und hörten sich wie das Auswärtige Amt persönlich an. Die meisten Bedenken betrafen die Themen Sicherheit und Gesundheit während der Reise. Wir fuhren ja auch in Länder wie Nicaragua mit bedenklicher Sicherheitslage.

Klar fühlten wir uns in Österreich am Sichersten, doch dann passierte uns diese unglaubliche Geschichte: Noch am gleichen Abend wurden Wolfi in einer Linzer Bar 50 Euro aus der Jackentasche gestohlen. Wir waren nur dankbar, dass seine Kredit- und Bankomatkarten noch da waren, denn das hätte uns so kurz vor der Reise noch gefehlt. Und wäre das alleine nicht schon schlimm genug, so ging unsere Pechsträhne gleich am nächsten Tag weiter. Da aßen wir auf der Rückfahrt von Oberösterreich in einem bekannten Restaurant zu Mittag. Weil Ostern war, bestellten wir gemeinsam Lammragout. Fröhlich setzten wir unsere Heimfahrt fort und wollten den Abend eigentlich gemütlich auf der Couch ausklingen lassen. Doch diese Idee hatten wir ohne Lammragout gemacht und das Wochenende endete mit einer massiven Lebensmittelvergiftung bei uns beiden.

Ausgeraubt und völlig erledigt von der harten Nacht lagen wir also an jenem Ostermontag im Bett und ich fragte Wolfi nur: „Davor haben uns doch alle im Hinblick auf unsere Reise gewarnt – aber seit wann ist es in Österreich so gefährlich?" Meiner Meinung nach waren diese zwei Erlebnisse das beste Beispiel dafür, dass immer und überall etwas passieren kann. Und zwar auch im schönen Österreich, und ganz ohne Warnung durch das Bundesministerium.

Nach der Lebensmittelvergiftung war ich eine Woche ziemlich geschwächt, schaffte nur Arbeiten und Essen, aber keine weitere Reiseplanung, und auch an Kofferpacken war nicht zu denken. Deshalb blieb wirklich alles bis zum letzten Wochenende liegen. Zum Glück sah unsere Planung vor, mit wenig Gepäck zu reisen. Den größten Teil unseres Reisegepäcks nahm unsere Reiseapotheke ein, etwas übertrieben vielleicht, denn wir waren derart gut ausgestattet, dass wir auch als Ärzte ohne Grenzen hätten arbeiten können.

Nachdem wir über die Tage sämtliche Utensilien auf der Couch gelagert hatten, verbrachten wir das letzte Wochenende endlich mit dem Einpacken. Wir versuchten möglichst leicht zu reisen, denn immerhin würden wir alles selbst tragen müssen. Zum ersten Mal würde ich das iPad als Buchersatz ausprobieren und somit ordentlich an Gewicht einsparen können.

Den ganzen Abend lief es richtig gut, bis zu dem Moment als Wolfi Samstagabend nochmals ordentlich am Reißverschluss unseres Boardbags an- und diesen auch gleichzeitig ausriss. Uns traf beinahe synchron sprichwörtlich der Schlag, denn fünf Tage vor unserem Abflug war es einfach unmöglich, einen neuen Boardbag in Österreich, einem Land ohne Wellen und Meer, zu bekommen! Wolfi verfiel sofort in Schockstarre und ging wortlos schlafen, so bestürzt war er. Bei mir hingegen war an Schlaf nicht zu denken, ich brauchte eine Lösung für unser Problem. Internet sei Dank, mit etwas Recherche entdeckte ich mit dem Stichwort „Reißverschluss reparieren" ein Video zu genau unserer Situation und werkte mit Schere und Zwirn bis ich den Bag notdürftig repariert hatte.

Vier Tage vor Abflug war unser Gepäck für 13 Wochen fertig:

Ein Boardbag mit zwei Surfboards und Schnorchelausrüstung, zirka 20 kg.

Ein großer Rucksack mit Reiseapotheke, Kleidung und Sonnencremen.

Als Handgepäck eine Umhängetasche und ein kleiner Rucksack – voll mit Kamera, iPad, elektronischem Equipment, Sudoku, Reiseroute, Pass, Geld und anderen Kleinigkeiten wie einer Reisezahnbürste.

Die letzten Tage vergingen sehr schnell. Kühlschrank und Tiefkühler abtauen und putzen, nochmals mit unserem Nachbarn Einzelheiten besprechen, die Familien anrufen und uns für lange Zeit verabschieden.

Unsere Wohnungsschlüssel waren noch ein besonderes Thema. Keinesfalls wollten wir diese auf die Reise mitnehmen. Somit wurde mit unserem Nachbarn vereinbart, dass wir ihm den einen Schlüssel um vier Uhr morgens vor die Türe legen würden. Den zweiten Schlüssel würde unser Flughafentransport bei unserer Freundin vorbei fahren.

# INDONESIEN

## Der erste Flug

01. Mai: Wien – Amsterdam – Denpasar - Ostjava
Erster Mai 2014: Und dann ging die Reise los!

Um vier Uhr morgens aufzuwachen, fühlte sich leider gar nicht nach Urlaub an. Schlaftrunken trafen wir die letzten Vorbereitungen und Wolfi sperrte den Wasserhahn und die Tür ab. Im Dunkeln beluden wir das Auto unseres Freundes, der zum Glück nicht verschlafen hatte, und wir fuhren zum Flughafen Wien. Zum Glück merkten wir dort gleich bei der Ankunft: Keiner von uns beiden hatte seinen Schlüssel bei unserem Nachbarn hinterlegt! Wir waren einfach wie jeden Tag damit zur Tür hinausgegangen! Unser Freund verabschiedete uns, fuhr zurück und hinterlegte den Schlüssel. Um diese Uhrzeit sind meinerseits auch einfach keine Höchstleistungen erwartbar. Unser nächstes Highlight hatten wir kurz darauf am Flughafen. Zum ersten Mal hatten wir uns, zur Thrombose-Vorbeugung für Langstreckenflüge, blutverdünnendes Tomatenextrakt in Kapselform gekauft.

Eine gute Idee, aber früh morgens an diesem Tag waren die Tabletten einfach nicht mehr auffindbar, selbst nachdem ich das gesamte Handgepäck ausgeräumt hatte. Da ich für das Handgepäck verantwortlich war, kriegte Wolfi praktisch schon vor dem Betreten des ersten Flugzeuges seinen ersten (Thrombose-)Anfall, um mir den Ernst der Lage bewusst zu machen. Nach dem Schlüssel frühmorgens war das nun schon mein zweiter Fehler am Tag eins der Reise und wir hatten Österreich noch nicht einmal verlassen. Ich liebe Wolfi und solche theatralischen Momente, denn immerhin hatten wir zuvor jahrelang alle Langstreckenflüge ohne Tabletten und auch ohne Thrombose geschafft. Die Tabletten fanden sich später übrigens gut verpackt in unserer Reiseapotheke, welche Wolfi akribisch genau sortiert hatte. Die Flüge selbst verliefen ruhig, aber stundenlang im Flugzeug auf engstem Raum zu sitzen, ist natürlich immer eine Belastung, da hilft auch das ganze Entertainment-Programm nicht. Wolfi, der mit einem unglaublichen Schlaf gesegnet ist, probierte auf diesem Flug auch erstmalig eine Schlafmaske aus. Seine war grau, die der Dame rechts von mir schwarz mit Glitzersteinen. Zum Glück hatte er sich nicht für dieses Modell entschieden. Beide Masken schienen jedoch äußerst gut zu funktionieren, und nur einmal lugte Wolfi zwischendurch unter seiner Maske hervor, zu meiner Verwunderung mit einem geröteten Auge, vermutlich schon wieder ein Thromboseanfall.

Bei der Zwischenlandung in Kuala Lumpur war unser gewohnter Wach-Schlaf-Rhythmus trotzdem völlig gestört. Wolfi drückte das in einem Satz wunderbar aus: Er erzählte mir mit müden Augen von dem Film, welchen er sich im Flugzeug angesehen hatte. Der zentrale Inhalt lautete nämlich: Nelson Mandela war 27 Jahre im Gefängnis, weil er den Friedensprozess in Südafrika mit Bombenlegen untermauert hatte. Nur mit Mühe ließ er sich von mir davon überzeugen, dass der Friedensprozess dadurch mehr untergraben als untermauert worden war. Wir waren froh, als wir im nächsten Flugzeug nach Bali gleich weiterschlafen konnten.

## Anreise zum Surfcamp in Ostjava

Mister Thromboseauge und ich landeten am zweiten Mai gut und ohne Zwischenfälle in Denpasar (Bali). Wir waren 2008 schon einmal nach Bali gereist, und schon damals war der erste Eindruck sehr lustig gewesen, denn wir hatten uns namentlich bei unserem damaligen Fahrer vorgestellt. Ich mit Karin, und Wolfi unter Angabe seines vollen Vornamens Wolfgang. Unser Fahrer verstand den Namen nicht und fragte sofort nach: „What (Wie bitte)?" Und so ging es ein paar Mal hin und her, bis er plötzlich inne hielt, überlegte, und – da er schon einmal in Deutschland auf Urlaub gewesen war – fragte: „You mean like Eingang, Ausgang, Wolfgang? (Du meinst so wie: Eingang, Ausgang, Wolfgang?)"

2014 wollten wir Missverständnisse vermeiden und Wolfi hatte bei den Reservierungen nur noch seinen Kurznamen „Wolfi" in den E-Mails angegeben. Unser Fahrer Heru, ein Mitarbeiter des Surfcamps, erwartete uns wie vereinbart außerhalb des

Flughafens. Wir verließen also das Flughafengebäude und lasen gleich auf dem ersten Schild:

> Welcome Mr. Wolfi Katzehar

Ein Lachausbruch war die Folge. Keine Ahnung, woher die ganzen Buchstaben kamen und wie aus Wolfi Katzer Mr. Katzehar werden konnte. Es war einfach herrlich.

Um den Touristenströmen auf Bali zu entgehen, begannen wir vom Flughafen aus sofort mit der Weiterreise nach Ostjava, in eine Gegend genannt Pulau Merah. Wir waren schon bei der Landung ziemlich geschafft, und schon bald wurde klar, dass wir die nächste geplante Autoreisezeit von sieben Stunden nicht würden einhalten können. Es regnete und Bali ist für viel Verkehr auf schlechten Straßen bekannt. Irgendwann sahen wir neben der Straße einen Kleintransporter, welcher durch die Leitplanken in einen Graben gerutscht war, und beschlossen, Pause zu machen. Bei einem Warung, so bezeichnet man hier einen kleinen Straßenstand mit

Kochstelle, hielten wir an. Wir waren hungrig und freuten uns auf die indonesische Küche. Doch bei dem von uns gewählten Stand war das Essen voller Fliegen! Die Vitrine bestand nämlich zur Straßenseite hin aus Plastik, auf der Innenseite bot jedoch nur ein alter Vorhang den Speisen spärlichen Schutz. Unser Fahrer war jedoch wirklich positiv und wir wollten nicht unhöflich sein. Es sah zwar ziemlich unappetitlich aus, schmeckte aber sehr gut, und unsere Verdauung hat sich erstaunlicherweise auch nie dazu geäußert. Vielleicht waren wir aber auch noch durch unsere österreichischen Ostererlebnisse vor dem Abflug abgehärtet. Nach dem Essen waren wir völlig erschöpft, legten die Autositze um und schliefen nur noch.

Die Reise nach Ostjava dauerte gefühlt ewig, nicht zuletzt, weil wir die Meeresenge zwischen den Inseln mit einer Fähre bewältigen mussten. Zum Glück war das Wasser ruhig und ich merkte keine Anzeichen von Reisekrankheit. Ich persönlich bin durch und durch Binnenstaatlerin, und sobald ich ein Boot besteige, ist es meistens nur eine Frage der Zeit, bis ich seekrank werde. Mein einziger Trost ist nur, dass es sogar hart gesottenen Matrosen genau wie mir ergeht.

Im Surfcamp kamen wir erst um ein Uhr nachts an und die gesamte Anreisezeit von Österreich hatte mehr als 24 Stunden gedauert. Wir waren gerädert und nur noch auf Tiefschlaf programmiert. Wenn unser Fahrer Heru nicht am nächsten Vormittag an unsere Tür geklopft hätte, wären wir an vermutlich gar nicht aus den Federn gekommen. Nach zwei Tagen hatten wir uns an den indonesischen Zeitrhythmus gewöhnt, auch daran dass zwischen Bali und Java – warum auch immer – nochmals eine Stunde Zeitunterschied lag. Warum das so war, konnte uns niemand beantworten.

Die Surfcamp-Anlage war zum Glück sehr klein und bestand nur aus drei Bungalows, dem Haus unserer Betreuerfamilie und einem kleinen Stall. Drei Mal täglich kochte die Familie für uns, hauptsächlich Reis mit Huhn, Tee oder Kaffee, Eier,

Bananen-Pancakes. Verschiedene Melonensorten, Kokosnüsse und Gemüse, vor allem Kraut, rundeten unseren Speiseplan ab.

Unser Bungalow war ebenfalls sehr einfach aufgebaut: Ein Raum mit zwei getrennten Betten, ein Ventilator, und unter freiem Himmel eine Dusche mit WC, kein extra Waschbecken. Der Duschschlauch war für indonesische Menschen gemacht, das hieß ich musste mich zum Haare waschen immer bücken. Alle Türen, auch die zum Freiluftbad, waren sowohl von außen als auch von innen verschließbar, um Dieben das Leben zu erschweren, welche über die Rückseite einsteigen wollten. Das führte gleich in unserer zweiten Nacht zu einer besonders lustigen Situation:

Wie bereits erwähnt, ist Wolfi ein begnadeter Schläfer, der jederzeit und augenblicklich tief schlafen kann. Das führte auch schon in Österreich dazu, dass er bei nächtlichen Gängen zur Toilette kaum aufwachte. Vor einiger Zeit war er deshalb auch schon daheim in unserem Schlafzimmer über eine

Wäschebox gestürzt. Nach einigen gemeinsamen Jahren haben wir uns angewöhnt, nacheinander ins Bad zu marschieren sobald der Partner mit aufwacht. In jener besagten Nacht ging Wolfi schlaftrunken voraus, kaum war ich jedoch draußen im Freien, hatte er die Tür bereits von innen verriegelt und sich wieder ins Bett gelegt! Zum Glück hörte er mich rufen.

Noch besser wurde es in der dritten Nacht: Unser Schlaf hier wurde von diversen unbekannten Geräuschen gestört, allen voran streunenden und raufenden Hunden. Um zwei Uhr morgens stand Wolfi plötzlich mitten im Raum und erklärte voller Überzeugung: „Bitte bleib liegen, jemand ist auf der Terrasse. Vermutlich will unser Vermieter den Abfalleimer entleeren." Was für eine seltsame Idee dachte ich mir gleich. Beim Öffnen der Türe wurde sofort klar, dass die streunenden Hunde auf der Terrasse nach Essen gesucht hatten.

Nach all unseren vorherigen Reisen nach Indonesien glaubte ich, den Lebensstil der einheimischen

Bevölkerung wirklich zu kennen. Arbeiten ist hier eine sehr entspannte Tätigkeit, und wirklich niemand würde auf die Idee kommen, nachts den Abfalleimer zu entleeren!

Mir war ja schon vor dem Abflug klar gewesen: Mit Wolfi würden es drei sehr lustige Monate werden!

Die indonesische Art, mit Arbeit und Dienstleistung umzugehen, konnte ich schon 1999 eindrücklich beobachten. Damals machte ich mit Freundinnen meine erste große Reise nach Sumatra, von wo aus wir mit einer Fähre auf eine Insel namens Nias weiterfuhren. An Bord befanden sich noch andere Reisende, und wir kamen mit einem Australier ins Gespräch. Er war schon des Öfteren hierher gereist und wollte sich mit uns ein Taxi teilen. Im Zielhafen war es hektisch und die Hitze unerträglich, daher fragte er auch, ob wir bereit wären, etwas mehr zu zahlen, um die Wartezeit zu verkürzen. Unsere Antwort natürlich: JA. Er versprach einem Fahrer also mehr Geld, wenn wir im Gegenzug sofort Richtung Hotel losfahren würden. Der Fahrer willigte ein und tatsächlich fuhren wir als erstes Taxi los. Der Australier lehnte sich zufrieden zurück und auch wir waren hoch erfreut, dass alles so gut klappte. Doch nach nur drei Minuten Fahrzeit bogen wir in eine Seitengasse ein, der Fahrer stieg aus und frühstückte entspannt mit seiner Familie, während wir eine Stunde im Auto warteten und dafür auch noch mehr bezahlt hatten!

Also nochmals für Wolfi erklärt: Kein Indonesier käme jemals auf die Idee, nachts die Terrasse zu putzen oder den Abfalleimer zu entleeren. Das macht man hier tagsüber.

Nach einigen Tagen Aufenthalt in Pulau Merah konnten wir auch Bauarbeiten aus nächster Nähe beobachten, denn unser kleines Surfcamp sollte ein neues Restaurant und auch einen Pool bekommen. Die Arbeiter kamen immer frühmorgens und begannen langsam mit ihrer Arbeit. Gleich mittags hielten sie im Schatten stundenlange Mittagspausen ab und erst spät nachmittags starteten sie ihre Bauarbeiten erneut bis spät in die Nacht hinein. Die

Männer waren so entschleunigt, dass sie zwischendurch auch ihre Wäsche bei unserer Köchin wuschen. Als Arbeitsschuhe verwendeten sie entweder Flip-Flops oder gingen barfuss, nur einer trotzte der Hitze im Pullover. Nach einigen Tagen Bauzeit waren die Arbeiter plötzlich ununterbrochen am Camp und schliefen zeitweise sogar auf der Baustelle. Wir beobachteten sie von der Terrasse aus und sie uns – der perfekte Zeitvertreib.

Als für Dacharbeiten eine Leiter gebraucht wurde, fertigten sie diese kurzerhand aus Bambus. Das handwerkliche Geschick begeisterte uns sehr, schließlich sah die fertige Leiter professionell aus und war immerhin vollständig selbst gebaut. Natürlich kam ihr Vorarbeiter und wollte sie vorab testen, und leider war ich in diesem Moment mit meiner Kamera nicht schnell genug. Zuversichtlich stieg er auf die erste Sprosse – und diese brach sofort durch! Wenigstens hatte er seine Flip-Flops als Arbeitsschuhe an. Als klar wurde, dass er unverletzt war, mussten die zwei Arbeiter, welche die Leiter gebaut hatten, und auch wir wirklich lachen, der

Vorarbeiter hingegen schüttelte nur den Kopf. Als Lösung wurde von ihnen die gebrochene Sprosse durch eine Holzsprosse ersetzt, die anderen, höheren Sprossen, blieben jedoch aus Bambus, also dem gleichen Material wie die gebrochene Stufe gewesen war. Das nennt sich wohl indonesischer Optimismus!

## Unser Alltag in Ostjava

Wenn man so eine einmalige Chance auf eine Auszeit erhält, erhofft man sich inständig, dass man die richtigen Ziele ausgewählt hat. Wir empfanden Ostjava wirklich als Glückstreffer. Das Surfcamp lag an einem ruhigen, wunderschönen Strand mit tollen Wellen, einer großen Sandbucht mit Palmen, Kokosnüssen, hellblauem Wasser und grünen Hügeln rundherum. Wie erhofft, waren kaum andere Touristen vor Ort, und diese wenigen Touristen waren meist aus Indonesien. Wir gingen surfen, machten Yoga und vertieften uns auf der Terrasse in unsere Bücher. Das Camp war so neu im Entstehen, dass es keinen Internetzugang gab. Somit konnten wir niemanden kontaktieren und waren ziemlich von der Außenwelt abgeschnitten. Nur einmal fuhren wir zu einem Internetcafé. Dort standen ganz alte Computer und als wir unsere E-Mails lesen wollten, kriegten wir beide die Info, dass unsere Benutzerkonten vermutlich aus Indonesien gehackt geworden wären und gesperrt wurden. Somit war dieses

Thema endgültig erledigt, was uns aber überhaupt nicht störte.

Wir hatten uns super eingelebt und genossen neben dem guten Essen auch die entspannte Atmosphäre. Nach ein paar Tagen im Camp beobachtete ich unsere Köchin, als sie mit dem Handy gewöhnliche Spatzen auf einer Palme fotografierte. Sie erklärte mir, diese würden ihr zwischen all den bunten Tieren hier am besten gefallen. Auch im Wasser trafen wir, im Vergleich zu Bali, kaum auf andere Surfer. Fast immer waren nur einheimische Kinder mit uns im Wasser und freuten sich über jede Welle, die wir surften.

Der Kontakt mit der einheimischen Bevölkerung war sehr nett und schon bald wurden wir zum Lieblingsmotiv der indonesischen Touristen. Sie waren ganz verrückt danach, uns zu fotografieren, vermutlich weil wir in unserer ersten Woche hier gerade einmal zehn andere Ausländer zählten und augenscheinlich eine ziemliche Attraktion waren. Die Einheimischen schlichen oder liefen uns ständig nach und ganze Schulklassen inklusive Lehrer machten Fotos von und mit uns. Technisch waren sie top ausgerüstet, von Kameras über Smartphones bis hin zu ganzen Tablets, welche an den Strand geschleppt wurden. Das fanden wir beeindruckend, wenn man bedenkt, dass wir uns in einem eher armen Land aufhielten. Am meisten amüsierten wir uns, wenn sie uns für die Fotos ansprechen wollten. Zu mir sagten sie sehr oft: „Mister, can I take picture (Sir, kann ich ein Foto machen)?" Zu Wolfi hingegen sagten sie immer: „Oh, you are so good looking (Oh, du siehst so gut aus)!"

1999 hatte ich die technische Situation in Nias (Sumatra) noch ganz anders erlebt:
Damals fand dort noch jährlich ein Stopp der australischen Surftour statt, welcher damals genau während unseres Aufenthalt über die Bühne ging. Es war wirklich viel los in dem kleinen Örtchen namens Teluk Dalam und am Dorfplatz entdeckten wir bei unserer Ankunft eine Telefonzelle. „Ausgezeichnet", dachten wir, da wir unseren Eltern ver-

sprochen hatten, immer wieder von unterwegs anzurufen. Doch sobald der Surf Contest vorbei war, verschwanden alle Australier und mit ihnen auch die Telefonzelle. Als wir danach fragten, erfuhren wir, dass es diese nur während des Contests gab, damit die Teilnehmer daheim anrufen konnten. Im Dorf brauchte sie niemand, weil die Familien hier zusammenlebten und es somit niemanden zum Anrufen gab. Wir waren höchst erstaunt, denn in Österreich war so etwas undenkbar. Wir mussten daraufhin 30 Minuten in die nächste größere Stadt für ein Telefongespräch fahren. Schon damals war das unvorstellbar für uns!

# Die Jagd nach Edelmetallen und Plastik

Wir waren wirklich glücklich mit der Wahl unseres ersten Weltreisestopps. Der einzige Haken am Surfcamp war: Keine 200 Meter von unserem Bungalow entfernt, befand sich die einzige Strasse zu einer Edelmetallmine. Unser Campbetreuer erzählte uns, dass hier bereits seit zehn Jahren geschürft wurde. Täglich um die gleiche Uhrzeit fuhren unzählige Arbeiter mit Gummistiefeln und Helmen auf Mopeds am Camp vorbei zur Arbeit. Laut Campbesitzer vermuten Geologen gleich im ersten Hügel hinter dem Surfcamp Edelmetalle im Wert von 125 Milliarden Dollar. Natürlich waren die Einwohner hier besorgt, denn Tourismus konnte niemals soviel Geld einbringen wie eine Mine. Schon länger verhandelten die ausländischen Betreiber mit der Regierung um eine Sprenglizenz. Die Regierung müsste einfach die Grenze des Nationalparks verschieben und der Plan sieht unglaublicherweise die Sprengung der Bergspitze und die Ableitung des Geröll ins Meer vor. Das wäre wirklich ein großer Eingriff in die wunderschöne Gegend hier und eventuell würde dadurch auch die Welle unsurfbar werden. Wolfi meinte jedoch sofort im Scherz: „So viel Geld – ich würde den Berg schon für die Hälfte wegsprengen!" Die grüne Hügelkette hinter dem Surfcamp war einfach wunderschön und der Gedanke an die Sprengung äußerst betrüblich. Wenn es uns schon so erging, wie fühlte sich dann die einheimische Bevölkerung?

Wie klein und unscheinbar ein einzelner Mensch ist, wurde uns auch täglich am Strand demonstriert. Überall fanden wir Plastik. Nicht immer nur große Teile, sondern auch kleinere, welche von Tieren ganz leicht mit Nahrung verwechselt werden konnten. Wir fanden auch ganze Schuhe und zweimal sogar Spritzen inklusive Nadeln. Besonders schlimm war es immer an der Linie zwischen Ebbe und Flut. Dort blieb immer nur ein Teil liegen, und im Meer musste noch viel mehr treiben als wir tatsächlich beim Surfen oder Schwimmen sahen.

Wir fühlten uns sofort an unsere Surfreisen aus dem Jahre 2012 erinnert. Damals waren wir in Westafrika und das dortige Camp befand sich in einem Vorort der Stadt Dakar, der bevölkerungsstärksten Region im Senegal. Wenn damals die Meeresströmung ungünstig war, berührte man beinahe bei jedem Paddelzug irgendwelche Teile, welche im Meer trieben. Damals gab es in den zwei Wochen vor Ort keinen plastikfreien Surftag und auch der Strand sah dementsprechend traurig aus. Und das bei perfekten Wellen.

Hier in Ostjava war es natürlich bei Weitem nicht so schlimm, doch schön sah es trotzdem nicht aus. Vor einigen Jahren hatten wir schon den Versuch gestartet, soviel Plastik wie möglich aufzuheben, auch wenn das nur ein sehr kleiner Schritt ist. Immer wenn ich am Strand entlang spaziere oder vom Surfen zurückgehe, sammle ich ein, was ich tragen kann oder was gefährlich erscheint. Vielleicht hat das keine weit reichenden Konsequenzen, doch als Tourist hat man einfach eine Vorbildwirkung. Hier in Ostjava wurden wir von vielen Kindern beobachtet, und wir wollten einfach zeigen, dass es normal ist, Mist wegzuräumen. Nach einiger Zeit vor Ort holte mich ein Mann zu den von ihm betreuten Sonnenschirmen, nur um mir zu zeigen, dass er nun auch den Strand reinigen würde. Ich war mächtig stolz auf ihn und kaufte auch gleich noch eine Kokosnuss, worüber er sich gleich noch mehr freute.

Diesbezüglich prägend war auch unser Surftrip auf die Malediven, ebenfalls 2012. Während unseres Aufenthaltes dort gab es zufälligerweise einen „Clean the beach day". Mitarbeiter wurden einen Nachmittag lang zum Aufräumen verdonnert und jeder der zirka 300 Resortgäste durfte freiwillig mitmachen. Natürlich meldeten wir uns an, das schien uns doch eine wichtige Sache zu sein. Doch außer uns waren nur noch zwei Australier gekommen und zu viert waren wir ziemlich enttäuscht. An diesem Nachmittag sammelten wir in nur drei Stunden und auf nur einer der von ungefähr 1.200

Inseln der Malediven einen kleinen Laster voller Plastik ein. Wir hätten auch noch weiter sammeln können, soviel Plastik lag herum. Dabei wirkte die Insel auf den ersten Blick wirklich sauber und nur kleine Teile, vor allem Strohhalme, lagen in großer Menge herum. Dort wurde uns so richtig bewusst: Mülltrennung wie wir es in Österreich betreiben, war weltweit gar nicht so sehr das Thema, vielmehr ist es wichtiger, Müll überhaupt nicht erst zu produzieren.

## Tiere und Menschen

Gleich in unserer ersten Woche am Surfcamp bezog ein Australier namens Damien den zweiten der drei Bungalows. Wir drei waren somit die einzigen Gäste und freundeten uns gleich an. Zufälligerweise stammte er aus der Gegend um Noosa, unserem nächsten Reisestop. Auch unsere geplanten Destinationen in Fidschi hatte er bereits persönlich bereist und er gratulierte uns zu dieser tollen Reiseplanung. Wir waren überglücklich und voller Vorfreude auf die nächsten Monate. Mit Damien wurde es gleich so richtig toll im Camp. Er erzählte uns viele Geschichten, meistens von seiner Familie, und wir lachten herzlich miteinander. Eines Abends informierte er uns auch noch ausführlich über die gefährlichsten Tiere Australiens. Die Liste war wirklich lang und besorgniserregend. Noch dazu war er als Mitarbeiter des Australian Zoos eine zuverlässige Informationsquelle und wir überlegten gemeinsam, ob wir das Flughafengebäude in Brisbane überhaupt noch verlassen sollten. Was die indonesische Tierwelt vor Ort betraf, war Damien also weniger beeindruckt.

Auf der Terrasse wohnten in unserem Bambustisch zwei Geckos, welche wir Franz und Hias nannten. Abends flogen Maulwurfsheuschrecken und Gottesanbeterinnen herum. Der Himmel war jeden Abend voller kleiner Fledermäuse und im Bad fand ich die zweitgrößte Kakerlake meines bisherigen Lebens. Und der dreijährige Sohn unserer Köchin besaß zudem ein großes Meerschweinchen. Woher wir das wussten? Eines Morgens hing es tot an einem Seil und er schleifte es wortlos an unserem Bungalow vorbei. Generell bereitete es ihm große Freude, wenn er seine Spielsachen irgendwo anbinden konnte und wir vermuteten, dass er doch eher erfreut war, als sich das Tier endlich nicht mehr wehrte.

Viel größere Probleme als an Land hatten wir jedoch im Wasser. Wie bei jeder längeren Reise hofft man, dass alles problemlos verlaufen wird, doch gleich am Ende unserer ersten Woche wurde Wolfi beim Surfen von einem anderem Surfer überfahren. Mich traf fast der Schlag, als er aus dem Wasser kam und sein Surfboard an zwei Stellen von den Finnen bis zur Hälfte aufgeschnitten war. Zum Glück gab es nicht auch noch gleich Wolfi filetiert dazu. Soweit war alles gut gegangen, doch wir befanden uns in Ostjava, also praktisch am Ende der Surfwelt. Der nächste Shop, um das Board zu reparieren, befand sich auf Bali. Wolfi war etwas ratlos, doch das indonesische Campteam bemühte sich wirklich und fand die perfekte Lösung für uns. Einer der Fahrer brachte Gäste zum Flughafen, nahm das Board mit und brachte es zwei Tage später repariert zurück. Wolfi war glücklich und in den Tagen ohne zweiten Board teilten wir uns meines, das hieß einer ging surfen und der andere Bodysurfen. Bodysurfen ist eine Unterart des Surfens und einfach erklärt: Ohne Board oder anderer Auftriebshilfe schwimmt man mit einer heranrollende Welle Richtung Ufer und versucht so, diese abzusurfen.

Durch all diese Umstände ergab es sich, dass ich eines Sonntags alleine bodysurfte. Der Strand und auch das Meer füllten sich im Laufe der Zeit immer mehr mit indonesischen Touristen. Auch Frauen kamen ins Wasser, doch wenn Frauen hier baden, dann nur der muslimischen Tradition entsprechend, in voller Bekleidung, oft auch noch mit Kopfbedeckung. Ich ließ mich zwar nicht stören, doch fiel ich unter ihnen wie ein bunter Hund auf. Bald schon hatte einige Jugendliche einen Halbkreis um mich gebildet und sprangen mit mir durch die Wellen. Als Nächstes begannen sie mir zu zeigen, was ich nachmachen sollte: Zuerst Kopf voran ins Wasser springen, die nächste Welle durchtauchen, dann darüber hinweg springen. Fröhlich machte ich mit. Irgendwann warfen mir die Jugendlichen einen Ball zu und ich warf ihn zurück, nur um in diesem Moment zu erkennen: Sie dressierten mich mit viel Freude wie einen Seehund! Ich machte noch einige Zeit gerne mit.

## Das Surfcamp – Trouble in paradise

Damien blieb leider nur eine Woche und nachdem er abgereist war, genossen wir noch einen ruhigen Abend, welcher, wie man so schön sagt, die Ruhe vor dem Sturm war. Am nächsten Tag wurde es so richtig laut. Gleich sieben neue Personen kamen an und verteilten sich auf die zwei anderen Bungalows. Jetzt war jedes Haus bis zum letzten Bett vermietet, und die Lautstärke ging sofort nach oben. Die neuen Gäste waren Kolumbianer und Engländerinnen, welche sich vom Trubel in Bali für drei Tage erholen wollten und nichts als Party im Sinn hatten. Diese Tage wurden echt zum Härtetest für unsere Nerven. Am meisten störte uns dabei die sowohl schlechte als auch laute Musik, welche das gesamte Camp beschallte. Wir schafften es kaum noch, unsere Bücher zu lesen. Selbst abends konnten wir aufgrund der ständigen Lautstärke die Dschungelgeräusche nicht mehr hören. Gerade die waren so wunderschön gewesen und hatten uns jeden Abend verzaubert. Zuvor hatten wir den Anflug der Gottesanbeterinnen gehört, danach flogen sie mir zu Technomusik um die Ohren. Ich sah sie praktisch erst, wenn mich die Dinger am Kopf trafen. Die Mitglieder der neuen Gruppe waren so sehr mit sich selbst beschäftigt, dass erst am dritten Tag eines der Mädchen beim Surfen ein Gespräch mit Wolfi anfing. Nach einiger Zeit fragte sie ihn dann: „Where are you staying? (Wo wohnst Du?)" Sie hatte in all der Zeit noch nicht einmal bemerkt, dass wir im Bungalow 50 Meter gegenüber von ihrem wohnten. Wir fühlten uns nicht mehr sehr wohl, versuchten den Lärm auszublenden und uns in unsere Bücher zu vertiefen. Zum Glück las ich in einem Buch folgenden Satz, über den wir zumindest einen ganzen Abend lang lachen konnten: „Früher gab es Kulturen, in welchen jüngere Männer ältere Frauen von hinten mit der Axt erschlugen, wenn sie der Sippe zur Last fielen." Dazu muss man wissen, dass Wolfi vier Jahre jünger ist als ich, man kann es also immer noch schlimmer erwischen.

Natürlich wurden auch die Mitarbeiter des Camps und vor allem die Köchin durch die vielen Menschen gestresst, und sofort wurde das Essen weniger und schmeckte auch leider nicht mehr so gut. Fühlten wir uns zuvor wie im Paradies, so wurden wir nun ein bisschen unzufriedener und dachten über unsere weiteren Reisepläne nach. Eigentlich hatten wir ja geplant, nach zwei Wochen Ostjava zu verlassen und auf eine weitere Insel namens Lombok zu reisen. Wir hatten jedoch keine Lust darauf, ganz Bali zu durchqueren und wollten einfach weiterhin in Ruhe Surfen, Sonne, Essen, Schlafen und Yoga genießen. Auch in der zweiten Woche war uns das alles noch immer nicht langweilig geworden. Also strichen wir Lombok von unserer Reiseliste und entschieden, noch ein paar weitere Tage hier zu bleiben.

Nach ein paar Tagen, am Ende der zweiten Woche, waren wir endlich wieder allein im Camp. Es war so leise, man hätte eine Stecknadel fallen hören können. Wir hatten viele tolle Wellen gesurft und uns war nach Abenteuer zumute. Deshalb vereinbarten wir mit zwei Campmitarbeitern einen Surftrip nach G-Land (Grajagan). Nicht surfende Menschen in Europa werden vermutlich noch nie von diesem Nationalpark gehört haben, doch wir waren aufgeregt.

## G-Land – Welcome to the Jungle

1972 fuhren einige Australier mit ihrem Boot die indonesische Küste ab und fanden in Ostjava eine der berühmtesten Wellen der Welt. Die Expedition führte sie zu abgelegenen Wellen mitten in einem Dschungel. Damals waren diese nur per Land ausschließlich über einen schmalen Pfad erreichbar, doch die Wellen waren so perfekt, dass sie beschlossen, dort das erste Surfcamp der Welt zu eröffnen – weitab der Zivilisation. Damals lebte dort sogar noch der, inzwischen ausgestorbene, Java-Tiger und die Surfer mussten wegen der gefährlichen, wilden Tiere in Baumhäusern schlafen. Das Camp wurde damals so berühmt, dass sogar der US-Schauspieler Bill Murray, bekannt aus Ghostbusters, vorbeikam und in G-Land surfen lernte. Um ihren Traum weiter finanzieren zu können, rutschten die Gründer jedoch in den Drogenhandel ab und kamen für einige Jahre ins Gefängnis. Zuvor brannten sie noch das ganze Camp nieder, weil sie es keinem anderen überlassen wollten.

Das Camp wurde natürlich wieder aufgebaut und heute vermietet die indonesische Regierung das Land gleich an vier verschiedene Surfcamps, und die Wellen dort sind überfüllt mit Surfern. Das klingt unglaublich? Den Dokumentarfilm zu all diesen Geschehnissen namens „Sea of Darkness" sahen wir uns noch am Abend vor der Tour an und freuten uns danach noch viel mehr auf das Abenteuer. Wir wollten dort unbedingt hin.

Die Fahrt begann um vier Uhr morgens. Zu viert beluden wir den Jeep und nach zirka zwei Stunden Autofahrt durch Reisfelder und vorbei an Tempelanlagen waren wir am Eingang des Nationalparks angelangt. Von dort ging es weiter zur Ranger Station, wo es mit unserem Jeep kein Weiterkommen gab. Als wir vor Ort ausstiegen, lag unglaublicherweise keine zwanzig Meter von uns entfernt, ein ausgewachsener Hirsch völlig entspannt im Schatten und ruhte sich aus. Über unseren Köpfen hingen verschiedene Affenarten in den Bäumen und am Parkplatz durchsuchten große Eidechsen, ähnlich Waranen, den Müll. Es war unglaublich schön und friedlich anzusehen, der Friede wurde erst gestört, als ein Affe versuchte, von oben auf unseren Fahrer zu pinkeln.

Vor Ort beluden wir einen Jeep der Ranger mit Wasser, Früchten und unserem Surf- Equipment, dann fuhren wir auf der schlechtesten Straße, die ich jemals befahren durfte, tiefer in den Dschungel. Zum Glück hatten wir Autos getauscht, denn hier wären wir nie durchgekommen. Jetzt war auch klar, warum die Wellen früher nur per Boot angefahren wurden. Immer wieder hielten wir an und gingen auf kleinen Pfaden hinunter an die menschenleeren Strände, um die Wellen zu beobachten. Der Sand war leuchtend weiß und das Wasser türkisblau, ganz so wie auf den Malediven oder auch in der Karibik. Die Magie war unbeschreiblich, noch dazu, als ich tatsächlich eine handgroße Muschel am Strand fand! Die Surfer hatten in dem Dokumentarfilm erzählt, dass sie sich gefühlt hätten, als wären sie im Paradies, und wir konnten es nachempfinden.

Die hier vor Ort angesiedelten Surfcamps wollten mit ihren vielen Gästen ungestört sein und bezahlten die Ranger dafür, dass sie Touristen wie uns gleich bei den ersten, kleineren Wellen aussteigen ließen. Wir ließen uns bei einem Surfspot namens Tiger Tracks absetzen, vereinbarten eine Abholzeit und schlugen uns durch den Dschungel ans Meer. Der Anblick war fantastisch. Hellblaues Wasser, leuchtender Sandstrand und einsame Wellen, welche wir nur mit vier anderen Surfern teilen mussten. Es war schier unglaublich und Wolfi und ich konnten uns kaum satt sehen an dieser Schönheit. Der Ausblick auf den Dschungel war atemberaubend und ich war einfach nur glücklich. Die vier anderen Surfer wurden irgendwann von einem Boot abgeholt und wir blieben zurück und waren die einzigen Personen weit und breit. Nach dem Surfen steckten wir die Füße in den weißen Sand, aßen Melonen und genossen die traumhafte Kulisse. Was hatte sich nun aber geändert, seit die ersten Surfer hier ihr Paradies gefunden hatten? Wir fanden überall dort, wo Ebbe und Flut aufeinander trafen, Plastik in verschiedenen Größen. Wolfi und ich begannen uns gerade zu fragen, ob man irgendwo auf dieser Welt noch einen plastikfreien Strand finden könnte, als plötzlich unser indonesischer Guide begann, einen der Kartons in welchem wir die Melonen transportiert hatten, zu zerlegen. Ehe wir uns versahen, warf er die Teile tatsächlich in den unberührt wirkenden Dschungel! Wir starrten ihn nur ungläubig an und Wolfi schimpfte so lange mit ihm, bis er ins Dickicht kroch und den Müll zurückholte. Das machte er zwar, doch ich bin mir nicht sicher, ob er wirklich verstanden hatte, warum er das tun musste.

Der Ranger holte uns zur verabredeten Zeit wieder ab. Kaum war das Auto voll beladen und wir losgefahren, blieb ein großer Strauch am Fahrzeug hängen und ein der zahlreichen Äste bohrte seine spitzen Dornen in Wolfis Rücken. Der Blick, den er mir daraufhin zuwarf, war einfach göttlich, denn immerhin waren wir noch mitten im Dschungel und von wilden Tieren umgeben. Natürlich war er in jenem Moment überzeugt gewesen, dass sich eine harte Schlange in seinen Rücken gebohrt hätte. Ich hatte es bis dahin zwar nie überprüft, aber war zu jenem Zeitpunkt überzeugt, dass es harte Schlangen gar nicht gäbe. Nur wenige Wochen später sollte ich vom Gegenteil überzeugt werden.

## Ratten zur Untermiete

Glücklich kamen wir erneut im Surfcamp an, die nötige Bettschwere inklusive. Wir wollten nur noch schlafen. Müde und zähneputzend stand ich also in unserer Freiluftdusche, als plötzlich eine riesengroße Ratte von einem Bambus zum nächsten sprang und alles andere als federleicht auf unserem Dach landete! Die nächtlichen Geräusche der letzten Nächte waren doch keine kleinen Mäuse gewesen. Mich beschlich sofort eine unangenehme Vorahnung, und wie erwartet ging es in dieser Nacht richtig los. Wir wurden geweckt, als das Tier lautstark fiepte, scharrte und am Bungalow nagte.

Ganz klar, John, der Mann unserer Köchin, musste eingreifen. Wir hatten schon gehört, dass er früher Schlangenfänger im indonesischen Dschungel gewesen war und überhaupt keine Berührungsängste hatte. Als Erstes schnitt er den ganzen Bambus um, dann kaufte er Schnappfallen wie in „Tom und Jerry" und bestückte diese mit Kokosnüssen. Die Sache schien ihm richtig Freude zu bereiten.

Für mich war klar, dass die Ratte ohne den Bambus nicht wiederkehren würde, doch noch während wir zu Abend aßen, hörten wir ein lautes Poltern. Die Falle war zu und die Geräusche lauter denn je zuvor! Aufgeregt holten wir John, und als er unsere Dachluke öffnete, fiel die verletzte Ratte mitten in unser Zimmer! Allerdings ohne Falle, denn das Tier war riesig und hatte sich von dieser selbstständig befreien können. John war ein schneller Jäger, er schnappte die Ratte und warf sie gleich an meinem Kopf vorbei in den Garten. Dabei war ich extra ruhig auf der Terrasse sitzen geblieben, nicht ahnend, dass dort die Ratte besonders tief fliegen würde. Die Männer fanden das natürlich besonders lustig. Danach wurde sie, wie John sagte, zum Schlangenfutter im Dschungel hinter dem Haus. Die Nacht verlief ruhig und ab dem nächsten Morgen umschlich Johns kleiner Sohn unseren Bungalow, denn natürlich wollte auch er unbedingt eine Ratte fangen. Mit dabei hatte er wie immer seine Schnur, denn irgendwo ließ sich so ein Tier bestimmt wieder festbinden!

Wir dachten, mit dieser ersten Falle wäre das Problem gelöst, doch bereits in der nächsten Nacht wurden wir wieder einige Mal geweckt, weil weitere Ratten herumliefen. John hatte damit schon gerechnet und noch weitere Fallen aufgestellt. Tatsächlich hatten wir bald ein weiteres Tier, zum Glück erheblich kleiner und auch schon tot, in der Falle. Bald darauf erledigte die Falle eine dritte Ratte und danach war es zum Glück endlich ruhig im Bungalow. Das war auch dringend nötig gewesen, denn wir fanden schon einige Nagelöcher in der Wand.

## Unsere letzten Tage in Ostjava

Bereits nach der ersten Woche wussten wir: Der Sonntag war für die Einheimischen hier auf Java ein beliebter Ausflugstag. Für uns wurde es dadurch ungemütlich, denn wir waren meistens die einzigen weißen Menschen in der Gegend und auffällig wie bunte Hunde. Nachdem wir schon drei Wochen hier wohnten, planten wir zwar morgendliches Surfen am Sonntag ein, hielten uns aber dann doch vom Strand fern – denn wir hatten keine Lust, ständig fotografiert zu werden.

An unserem letzten Sonntag verbrachten wir den Nachmittag fernab der Menschen lesend auf unserer Terrasse.

Kaum war es jedoch richtig entspannt, tauchte plötzlich und wirklich aus dem Nichts, ein 20-köpfiger Englisch-Club auf. Das war eine Gruppe junger Javanesen, welche von ihrem Lehrer beauftragt worden waren, englische Konversation zu betreiben. Sie waren anscheinend schon zuvor erfolglos über den Strand gelaufen, bis ihnen die Einheimischen von uns erzählt hatten. Doch so einfach war die Kontaktaufnahme nicht, denn Indonesier sind normalerweise ziemlich schüchtern. Zuerst standen sie weiter weg bei den Bauarbeitern vom Pool und wir hörten sie nur kichern. Dann näherten sie sich und standen gemeinsam in zwei Metern Entfernung um unsere Terrasse herum. Dabei schauten sie uns völlig unübersehbar an, doch wir wussten auch nicht genau, was sie wollten. Wir konnten uns das Lachen kaum verkneifen, weil sich mindestens zehn Minuten keiner zu uns herauf traute. Dann fasste ein Mädchen ihren ganzen Mut zusammen und – kicher, kicher – kam zu uns herauf. Wir hatten natürlich schon gewartet und erlaubten allen Clubmitgliedern, mit uns ein Englisch-Interview zu führen. Plötzlich kamen alle 20 auf die Terrasse und es fand sich in dem Gedränge kaum noch Platz zum Stehen. Wie immer wurden auch noch die Smartphones auf uns gerichtet und dann ging das gemeinsame Interview los.

Ich beantwortete zum Beispiel die Frage: „Are you single? (Bist Du Single?)." Und antwortete: „No, he is my husband. (Nein, er ist mein Mann)" Aha. „Where do you live? (Wo wohnst Du?)" „Austria." Fleißig wurde alles mitgeschrieben. Und dann wurden Wolfi die gleichen Fragen gestellt: „And where do you live? (Und wo lebst Du?)." Na ich hoffe doch bei mir! „ Are you single? (Bist Du Single?)" Nein – er war ja immerhin mein Mann. Wir hatten viel Spaß in dieser Stunde. Als Dankeschön tanzte eines der Mädchen noch den traditionellen Tanz mit Tuch für uns, wir waren höchst erfreut über die schöne Darbietung. Dann mussten wir unsere Adressen aufschreiben und mit Unterschrift bestätigen, dass wir dieses Gespräch wirklich geführt hatten. Wolfi beschenkten sie mit einem Blumenkranz und mich mit einer Plastikblume. Diese schenkte ich später an den taubstummen kleinen Jungen weiter, der gegenüber bei seinen Großeltern wohnte. John sagte mir später, dass er sich sehr gefreut hätte, denn sein Gesichtsausdruck war wirklich international.

Unglaublich, was an diesem Nachmittag auf unserer Terrasse passiert war. Wir waren sehr stolz darauf, interviewt worden zu sein und hatten uns bemüht, einen guten Eindruck zu hinterlassen. Und wir waren uns einig – als erstes Reiseziel war Ostjava ein voller Erfolg!

## Besteigung des Vulkan Ijen

Unsere Rückfahrt von Java nach Bali sollte ein besonderes Highlight werden. Wir fuhren um drei Uhr morgens los, um den Vulkan Ijen zu besteigen. Frühmorgens tranken wir im Basiscamp am Fuße des Vulkans Tee und aßen trockene Kekse. Wir freuten uns, als wir den Wanderweg vor uns sahen und mieteten einen Wanderguide namens Rudi. Gemeinsam begannen wir die steile Wanderung. Zwar war der Weg mit nur drei Kilometern bis zum Kraterrand ausgewiesen, doch dazu kamen etliche Höhenmeter.

Rund um uns war es ruhig und wunderbar grün zwischen den morgendlichen Nebelschwaden. Die Sicht auf den Merapi, den Zwillingsvulkan gegenüber, war beeindruckend und wir kamen gut voran. Immer wieder blieben wir stehen, um die Aussicht zu genießen, und dabei entdeckten wir sogar einen großen Affen mit rotbraunem Fell in den Bäumen. Ständig kamen uns indonesische Arbeiter, beladen mit immens schweren Körben auf den Schultern, entgegen. Darin befand sich Sulfit, welches man zum Beispiel in der Kosmetikindustrie verwendet. Die Körbe konnten mit bis zu unglaublichen 70 Kilogramm beladen sein! Man konnte wirklich sehen, dass es sich um Schwerstarbeit handelte. Wolfi versuchte auch, zwei Körbe zu stemmen, sah dabei aber keineswegs glücklich aus. Wie ein Gewichtheber musste man unter die Querstange zwischen zwei Körben gehen und diese dann hochstemmen. Sofort nachdem ich ein Foto geschossen hatte, ließ Wolfi die Körbe wieder fallen und riet mir gleich von einem Selbstversuch ab. Rudi lachte nur wegen der schwachen Touristen. Unglaublich war auch, als plötzlich ein Tourist von vier Arbeitern auf einem Sessel geschultert vorbei getragen wurde. Diese Männer waren wirklich trainiert! Ein falscher Schritt, ein kleiner Ausrutscher, und das Ganze könnte böse enden.

Zwischendurch fand Rudi am Wegesrand eine Plastiktüte und wir fingen an, uns nach dem Müll zu bücken. Der ganze Weg war voll davon. Wir halfen mit und ich war stolz, dass ein Indonesier von selbst mit dem Müll sammeln begonnen hatte. Oben am Kraterrand angekommen, staunten wir nicht schlecht. Wir hatten uns vorab nicht informiert, und plötzlich sahen wir im Krater den großen Säuresee und daneben dicke, säurehältige Wolken aufsteigen. Diese entstanden, da die Wassertemperatur höher als die Lufttemperatur war. In diesem Moment blickten wir auf die bedeutendste Schwefelansammlung Indonesiens, mit bis zu acht Meter dicken Schwefelbänken, hinab. Der Schwefel trat durch Rohrleitungen als orange- bis rotfarbige Masse aus und wurde nach der Abkühlung leuchtend gelb. Dieses Sulfit trugen die Arbeiter dann vom See 200 Meter hinauf bis zum Kraterrand und später ins Tal hinunter. Es war unglaublich. Der Vulkan war seit seiner Entstehung immer wieder aktiv. Seit einem heftigen Ausbruch 1936 war die Vegetation am Kraterrand abgebrannt geblieben. Genau wie die anderen Touristen am Kraterrand beobachteten wir fasziniert das rauchende Schauspiel. Viele der Arbeiter, jedoch nicht alle, hatten

Gasmasken dabei. Touristen durften wegen der giftigen Dämpfe nicht zur Sulfitmine absteigen.

Noch ein paar Kekse gegessen und Fotos gemacht und wir begannen mit unserem Guide den Abstieg. Dabei fiel uns auf, dass jede Menge französische Touristen den Aufstieg noch vor sich hatten. Da Verständigung für einen Wanderguide das Wichtigste ist, fragte ich Rudi, ob er denn Französisch sprechen könnte, und er verneinte. Daraufhin lernte ich ihm den einfachen Satz: „Vulcano – très jolie" (Vulkan – sehr schön). Wir übten es ein paar Mal, und als wir die nächste Französin trafen und sie uns fragte, ob es noch weit zum Kraterrand wäre, ließ ich Rudi gleich den neu gelernten Satz ausprobieren. Er bemühte sich wirklich und sagte, ziemlich gut meiner Meinung nach: „Volcano trescholie", woraufhin sie nur irritiert blickte und schließlich erwiderte: „Oh, you are from Italy? (Oh, du bist aus Italien?)" Wir mussten so lachen! Erstens hatte er die Aussprache wirklich gut hinbekommen und zweitens sah er einfach wie ein typischer Indonesier aus. An ihm war einfach gar nichts Italienisch. Bis ins Tal lachten wir die ganze Zeit. Was für eine wunderbare Tour, absolut empfehlenswert!

## Bali

Vom Basiscamp traten wir die lange Fahrt nach Kuta auf Bali an. Wir hatten von einem Surfer in Ostjava eine billige Unterkunft in Kuta empfohlen bekommen. Dort checkten wir auch ein, direkt im Zentrum, in einer Tempelanlage. Das Zimmer kostete nur sechs Euro, dafür war das Bad abstoßend dreckig und abgewohnt! Egal, es war billig und nur für kurze Zeit. Außerdem wollten wir unser Gepäck nicht weiter durch die Gegend tragen müssen. Wir benutzten dass Zimmer auch wirklich nur zum Schlafen, und als wir nach drei Tagen auscheckten, ließen wir die Schuhe, welche wir nur im Bad getragen hatten, gleich dort. Wir mussten die paar Tage in der Stadt verbringen, weil wir Einiges zu erledigen hatten: Mein Surfboard musste repariert werden und außerdem hatten wir nun zum ersten Mal seit drei Wochen überall WLAN und kontaktierten unsere Familien und Freunde. Ich hatte die drei Wochen ohne ständigen Online-Kontakt wirklich genossen. Hier war soviel los, es gab viel mehr zu essen und ständig konnte man massieren gehen. Wir planten mit einem Schneider unseren neuen Boardbag und mit einem anderem eine neue Reisehängematte. In Bali waren die Preise einfach so billig, ein Traum im Vergleich zu Europa.

Gleich am ersten Abend, wir waren müde von der Vulkanwanderung und auch vom Surfen, ließen wir uns für zirka drei Euro eine Stunde lang den Rücken massieren. Was für eine Wohltat! Ich hatte mich für eine typisch balinesische Massage entschieden, von der man als Tourist ja eigentlich nicht genau weiß, wie sie durchgeführt wird. Es war durchaus entspannend, jedoch stieg mir der Masseur zwischendurch einmal so auf die Wirbelsäule, dass ich nicht wusste: Massiert er mich noch oder hatten wir schon eine Schlägerei? Ich verhielt mich defensiv und fühlte mich am nächsten Tag großartig. Wir verbrachten ganze zwei Tage hier, dann hatten wir genug von der Stadt. Spannenderweise war es dieses Mal in Kuta anders als 2008, obwohl wir wieder im Mai dort waren. Ich hatte von der ersten Reise keinen so guten Eindruck von der Insel. Mir war es damals zu laut und hektisch gewesen, überall nie enden wollender Verkehr und zu viele Menschen beim Surfen im Wasser. Dieses Mal waren aber viel weniger Australier als damals unterwegs, dafür waren die Surfschulen auf Russisch angeschrieben. Es schien, als würden sich die Touristenströme einfach verlagern.

Von Kuta aus buchten wir unseren nächsten Stopp. Nachdem wir mehr Zeit in Ostjava verbracht hatten, wurde uns die Reisezeit für Lombok zu knapp, und so beschlossen wir, die letzte Woche auf Bali zu verbringen. Wir wollten einfach weiter surfen, ohne großartig reisen zu müssen.

Wir fragten also bei der Surf-WG in Canggu, betrieben von einem Deutschen und einem Schweizer, an. Obwohl sie ausgebucht war, hatten die Betreiber 500 Meter vom Camp entfernt ein Appartement für uns frei, Motorroller inklusive. In all unseren gemeinsamen Jahren waren wir noch nie Moped gefahren, schon gar nicht links. Das hörte sich nach Abenteuer an, und wir sagten sofort zu. Hier würden wir die letzten 6 Tage unseres Indonesien-Stopps verbringen.

# Umzug in die Deutsch-Schweizer Surf-WG

Wir waren froh, endlich aus dem Hotel in Kuta abgeholt zu werden. Es war einfach nicht besonders sauber gewesen. Wir wollten so dringend weg, dass wir bereits um dreiviertel zehn Uhr mit unserem Gepäck an der Rezeption warteten, obwohl die Abholung erst für zehn Uhr vormittags vereinbart worden war. Vielleicht würde der Fahrer ja auch schon früher kommen. Dort saßen wir, auf den Stiegen, mitten in der Stadt, und warteten. Niemand kam jedoch, um uns abzuholen. Nach einer Stunde war die Stimmung schon sehr gereizt, aber weit und breit kein Taxi für uns. Es wurde von Minute zu Minute heißer, die Zeit verging und noch immer kein Transport in Sicht. Wir waren wirklich schlecht gelaunt, zum ersten Mal seit Wochen. Irgendwann hatten wir endlich Kontakt zum Surfcamp und so erfuhren wir, dass die Mitarbeiter versehentlich eine 12 Uhr-Abholung notiert hatten. Die eine Stunde würden wir jetzt also auch noch abwarten können. Als jedoch um halb eins noch immer niemand da, war konnte mich auch keine Pizzaschnitte mehr aufheitern. Wir wollten nur noch weg! Um ein Uhr war der Fahrer endlich da, bestens gelaunt. Wir jedoch hatten schon drei Stunden Wartezeit hinter uns und waren sehr übellaunig und wortkarg. In der Surf-WG selbst erfuhren wir, dass die Abholung eines anderen Surfers überhaupt vergessen worden war und er sich eine Nacht ohne Kontakt und Hotel durchgeschlagen hatte. Somit hatten wir mit drei Stunden Wartezeit schon wieder viel Glück gehabt und man muss eben alles in Relation sehen.

Das Camp selbst war ordentlich und sauber, eine wahre Freude nach Kuta Stadtzentrum. Die anderen Campbewohner waren alle jünger als wir und kannten sich schon länger, aber es entstanden sofort nette Gespräche. Am Camp mischten sich primär die Nationen Deutsch, Schweiz, Österreich und England. Eine wirklich nette Runde, in der wir viel lachten. Schluss mit Pärchenurlaub und rein in eine jugendliche Gruppe war das neue Motto. Nach drei innigen Wochen war das für uns völlig in Ordnung und wir hatten von Anfang an viel Spaß. Wir bezogen ein wunderschönes Zimmer, in welches wir uns sofort verliebten. Am nächsten Tag fuhren alle gemeinsam zum Strand, die Wellen waren perfekt und wir waren uns sicher, dass auch dieser Stopp von uns gut gewählt worden war.

Das größte Problem für uns war der balinesische Verkehr, welcher unglaublich chaotisch war. Überall neben der Straße hingen Plakate auf denen stand: „We keep Bali save" (Gemeinsam machen wir Bali sicher). Unser Campguide erklärte uns, dass Diebe angefangen hätten, an Mädchen auf Mopeds vorbei zu fahren und ihnen die Handtasche zu entreißen. Dabei waren zwei Touristinnen gestürzt und vom Gegenverkehr überrollt worden. Eine davon starb sofort, die andere lag schwer verletzt im Krankenhaus. Ein Wahnsinn, deshalb die Plakate. Wir beschlossen, uns für die Fahrten in die Stadt ein Taxi zu nehmen.

Gleich am zweiten Camptag waren große, drei bis vier Meter hohe Wellen, angesagt. Die Jungs freuten sich, doch ich war skeptisch. Für mich war das schon eine ordentliche Wellenhöhe. Trotzdem fuhr ich mit der besten Gruppe, also mit Wolfi und drei weiteren Jungs, zum Strand. Als wir ankamen, waren die Wellen richtig groß und wir starrten gemeinsam aufs Meer hinaus und machten alle möglichen Scherze übers Ertrinken. Die Gruppe entschloss sich, mit dem Guide nach kleineren Wellen zu suchen.

Der nächste Spot wies jedoch ebenfalls Wellen von beeindruckender Größe auf. Dieses Mal entschieden sich die Jungs jedoch rein zu gehen. Ich blieb am sicheren Ufer und machte Fotos, und das war wirklich eine gute Entscheidung. Schon von heraußen sah es nach harter Anstrengung aus, überhaupt zu den Wellen ins sogenannte Line-up hinaus zu kommen. Die Wellensets dazwischen waren so riesig, dass ich selbst beim Zusehen vom Strand aus ordentlich beeindruckt war. Irgendwann setzte sich eine Australierin auf die Bank zu mir und wir begannen eine rege Unterhaltung. Ihr waren die Wellen auch zu groß, aber ihre Freunde waren im Wasser weiter rechts von meinen Jungs. Allerdings sagte sie, dass sie diese nie surfen sah. Es müsste aber ziemlich gut sein, denn sie kamen auch nicht an den Strand zurück. Eine spannende Geschichte, wo doch die Wellen so stark waren.

Nach einiger Zeit sahen wir ihre Freunde langsam ans Ufer paddeln. Und als sie endlich bei uns ankamen, waren sie einfach völlig erledigt. Ihr Freund war total ausgepowert und sagte auf Englisch: „Schatz, das war das Ärgste überhaupt. Ich hatte dort draußen Nahtoderlebnisse. Wir surften überhaupt keine Wellen, waren jedoch in der Strömung stecken geblieben und konnten nicht mehr zurück". Fantastisch, das hatte ich noch gebraucht. Jetzt war ich noch nervöser als zuvor. Wolfi surft super und hat auch viel Erfahrung, aber die anderen Jungs waren dort draußen teilweise wirklich überfordert. Plötzlich sahen wir ein großes Wellenset am Horizont, viel größer als die Wellen zuvor. Wolfi und der Surfguide saßen weiter draußen am Meer und schafften es gut über die Monsterwellen zu paddeln, aber die anderen Surfer leider nicht. Die Australierin meinte nur: „Oh my god, that´s huge! (Oh mein Gott, das ist riesig)". Als ich meine Jungs wieder sah, waren sie von den Wellen 300 bis 400 Meter Richtung Strand gespült worden. Das wäre eine Distanz, die man normalerweise surft, jedoch nicht unter Wasser verbringen sollte. Die ganze Gruppe paddelte wirklich hart an diesem Morgen. Wolfi erzählte später, dass Harry, unser Surfguide, nach dem großen Set und nachdem alle weggespült worden waren, zu ihm gesagt hatte: „Look, so quiet here, just the two of us left (Schau wie ruhig es hier draußen ist ‚nachdem alle weg sind, nur wir zwei sind übrig)". Am Ufer konnten wir über diesen Scherz gut lachen, aber ich war sehr froh, als alle heil aus dem Wasser heraußen waren. Später erzählte mir Joe aus England, dass er bei diesem Set eine Kombination aus so genanntem „double holddown" plus Panikattacke gehabt hätte. Das bedeutet, dass er von zwei großen Wellen getroffen worden war, ohne die Chance auf zwischenzeitliches Luftholen. Im gleichen Atemzug erzählte er mir auch, dass demnächst seine Freundin nach Bali kommen würde und dann würden sie gemeinsam viel Kultur und wenig Lebensgefährliches machen. Ich musste lachen. Manchmal denke ich, Männer brauchen solche Situationen während wir Frauen viel logischer darüber nachdenken, was dort draußen passieren könnte. Nach diesem anstrengendem Abenteuer meldete sich Joe gemeinsam mit mir, kaum waren wir im Camp zurück, für die nächst leichtere Gruppe an. Die Jungs waren nach diesem Wellengang natürlich müde, doch wir hatten einen strikten Camp-Zeitplan mit sozusagen deutscher Ordnung. Das hieß: Zu Mittag waren wir im Camp zurück, frühstückten, und bereits um zwei Uhr nachmittags fuhren wir zum nächsten Surfspot. Dieses Programm machten Wolfi und ich die nächsten vier Tage durchgehend mit. Ich blieb bei der leichteren Gruppe, damit sich bei diesen Wellen sowohl der Spaß als auch das Überleben meinerseits die Balance halten würden. Unser beider Surfen verbesserte sich in dieser Woche wirklich sehr und wir verbrachten viel Zeit sowohl im Wasser als auch, bei diesem Verkehr, im Auto. Der balinesische Verkehr ist einfach nur schrecklich. Manches Mal brauchten wir für 15 Kilometer eine Stunde Fahrzeit. Unsere Guides stiegen beinahe immer mit Proviant ein oder aßen noch eine Kleinigkeit vor der Abfahrt. Wir Mädchen schauten immer, dass alle vor der Abfahrt nochmals auf der Toilette waren.

Das Ganze war zwar toll für unser Surfen, aber nicht so für die Beziehung. Sahen wir uns in Ostjava ständig, so trafen wir uns plötzlich so gut wie gar nicht mehr. Wegen der unterschiedlichen Surfspots und dem vielen Verkehr kamen wir spätabends zurück und waren viel zu müde, um uns noch großartig auszutauschen. Soll heißen: Während einer von uns aus dem Badezimmer kam, fand er den anderen bereits schlafend im Bett vor. Erst bei einem vom Camp organisierten Tagestrip zu einer

Welle namens Medewi saßen wir wieder einmal gemeinsam im Wasser und die Guides machten ein paar tolle Surffotos von mir. Diese Welle ist eine der längsten in Indonesien und es waren fast nur männliche Surfer im Wasser. In zwei Stunden erkämpfte ich mir vier Wellen, und darauf war ich als Binnenstaatlerin mächtig stolz.

Wir hatten uns eine Auszeit von dem netten Camp und der vielen Autofahrten verdient. Nach den tollen Wellen und Surffotos wollten wir anschließend nur noch relaxen. Wir fuhren nur zu zweit nach Kuta, gingen fein essen und ließen uns stundenlang massieren. Was für eine Wohltat! Meine Masseurin hatte die reinste Freude mit meinem Rücken und Armen. Mir tat wirklich alles weh und ich war unglaublich verspannt von dem intensiven Surfen. Auf der Massagebank wurde uns klar: Länger als eine Woche würden wir dieses Programm mit zwei täglichen Surfsessions körperlich gar nicht durchhalten. Zum Glück war für Ende der Woche unser nächster Flug geplant. An diesem Abend holten wir auch noch unseren neuen Boardbag und die Hängematte bei den zwei Schneidern ab. Wir waren zufrieden und hatten ab diesem Moment Platz für ein drittes Surfboard. Kaum saßen wir im Taxi Richtung Camp, schlief ich vor lauter Erschöpfung sofort ein, keine Chance mehr, es noch bis ins Zimmer zu schaffen!

# Rückblick auf Bali

**Der Surf:** Das wirklich Schöne an der Surf-WG war neben den netten Leuten auch noch die zentrale Lage. Wir erreichten die besten Surfstrände sehr schnell – wenn wir nicht im ewigen Verkehr stecken blieben. Das änderte jedoch nichts an Balis Hauptproblem – den Millionen Touristen, die ebenfalls wissen, dass man hier fantastisch surfen und billig leben kann. Jeder Surfstrand war einfach überfüllt und es herrschte dichtes Gedränge im Wasser. Selbst wenn wir gut surften, konnte es jederzeit passieren, dass andere Surfer auf die Welle einstiegen. Wir sahen auch oft, dass sich Surfer gegenseitig überfuhren. Auch Günther von unserem Surfcamp passierte das. Danach paddelte er zu mir herüber und sagte: „Stell dir vor, mir ist gerade jemand über den Rücken gefahren, aber es ist nichts passiert." Aha, dachte ich mir, das wäre ja wirklich unglaublich. weil doch jedes Board auf der Unterseite scharfe Finnen hat. Also bat ich ihn sich kurz umzudrehen. damit ich einen Blick auf seinen

Rücken werfen konnte. Das weiße T-Shirt hatte wirklich gehalten, aber schon von Weitem sah ich die blutige Schramme darunter. Ich musste lachen und bat ihn von mir weg zu paddeln. da er mit seinem Blut bestimmt Haie anlocken würde.

**Die Tierwelt:** Tatsächlich sahen wir in unserem ersten Monat keine Haie und erst am vorletzten Tag unsere bis dahin einzige Schlange. Neben einem Surfspot in einer dicht besiedelten Gegend war ein sogenannter Warung, also ein kleines Restaurant. Plötzlich lief aus diesem ein Mitarbeiter heraus, begleitet vom Geschrei der anderen Mitarbeiter. Er hielt eine beeindruckend lange Schlange am Schwanz und schleuderte sie wild im Kreis, damit sie ihn nicht beißen konnte. Wir waren von der Technik begeistert und starrten ihn alle aus sicherer Distanz an. Immerhin hätte sich das von uns Touristen niemand getraut. Gleich neben dem Restaurant war ein kleiner Rinnsal, welches direkt runter zum Meer und somit zu den Surfern führte, und da warf er sie mit Schwung hinein. Die Schlange schwamm ein Stück Richtung Meer und versteckte sich dann unter Steinen. Einer unserer Campfreunde stand mit einem Sandwich in der Hand bei unserer Gruppe, hatte dem Treiben ebenfalls zugesehen und meinte nur trocken: „Zum Glück habe ich mir soeben mein Sandwich aus eben diesem Warung geholt."

**Der Verkehr:** Das Schrecklichste an Bali ist meiner Meinung nach der Straßenverkehr. Es ist unglaublich anstrengend hier zu fahren, egal womit und auch egal wohin. Überall finden sich endlose Schlangen von Autos und Mopeds. Ständig wird gehupt, auch nachts, und irgendwer nimmt immer irgendwem die Vorfahrt. Wir verbrachten oft mehr Zeit im Auto als am Strand. In dieser einen Woche auf der Insel wurden wir auch zwei Mal Augenzeugen von schweren Unfällen. Den ersten sah ich bei einem Surfausflug ohne Wolfi. Wir fuhren rechts hinter einem Klein-LKW dessen Ladefläche mit balinesischen Körben voll beladen war, natürlich ohne Befestigung. Es erinnerte mich gleich daran, dass unser Freund, welcher uns zum Flughafen in Österreich gebracht hatte, das Ladegut in Österreich selbst im Auto unbedingt hatte sichern wollen. Bei zirka 60 km/h fielen plötzlich einige der Körbe vom LKW und trafen einen dahinter fahrenden Mopedfahrer am Helm. Dieser stürzte sofort und kam nur ganz knapp vor unserem linken Vorderrad zum Liegen. Unser Fahrer machte eine Vollbremsung und wich aus, aber wir alle spürten, dass wir etwas überfahren hatten. Im Auto herrschte Totenstille, denn natürlich glaubten wir alle sofort, dass es der gestürzte Fahrer war, doch es waren zum Glück nur die Körbe. Da man laut Fahrer in Bali als Ausländer immer gleichzeitig Schuld und Geld hat, fuhren wir gleich weiter, sahen aber im Rückspiegel, dass der gestürzte Mopedfahrer aufstand. Das war so unglaublich knapp und hätte wirklich schlimm enden können. Der zweite Unfall passierte am letzten Tag am Weg zum Flughafen und war ebenfalls ein richtiges Schockerlebnis. Wir fuhren auf einer mehrspurigen Schnellstraße, als uns ein Motorradfahrer mit hoher Geschwindigkeit überholte. Er übersah dabei einen Transporter, welcher in die Kreuzung vor uns einfuhr und quer über die Fahrbahn zum Stehen kam. Aufgrund der hohen Geschwindigkeit konnte er auch trotz Vollbremsung nicht mehr anhalten. Wir sahen zu, wie er praktisch ungebremst in die Seite des Transporters krachte. Wieder hielten wir nicht an. Andere Verkehrsteilnehmer, Indonesier, liefen schon zur Unfallstelle, und als ich unseren Fahrer fragte: „Shall we also stop? (Sollen wir auch stehen bleiben?)" meinte er nur: „No, no, he´s ok (Nein, nein, ihm geht es gut)." Aber gut hatte das gar nicht ausgesehen. Erste Hilfe scheint hier kein wichtiges Thema zu sein. Wir waren froh, dass wir Bali nach einer Woche verlassen konnten. Genau wie schon 2008 fanden wir die Insel auch dieses Mal einfach nicht magisch oder faszinierend. Die besten Wellen waren einfach Mitten in der Stadt und somit geht jeder Charme verloren. Fazit: Bali ist wie Urlaub auf der Tangente in Wien: sehr laut und dreckig, viele Autos und Stau, nur zusätzlich noch gute Wellen!

# AUSTRALIEN

## Weiterflug nach Brisbane

Kaum waren wir am Flughafen in Bali angekommen, passierte uns schon ein Déjà-vu. Genau wie zu Beginn der Reise in Wien suchten wir wie verrückt nach den Thrombosetabletten. Zum Glück fanden wir diese noch vor dem Abflug, denn Wolfi stand schon wieder kurz vor einem (Thrombose-)Anfall. Letzten Endes waren wir von dem vielen Surfen so erschöpft, dass wir weder den Start der Virgin Airlines in Denpasar noch die Landung in Brisbane mitbekamen. Alles hatten wir verschlafen, nur zum Essen waren wir munter. Wir hatten uns schon von Österreich aus einen Airportshuttle organisiert, um unser nächstes Ziel, Noosa Heads, zu erreichen. Später wurden wir öfters gefragt, wie wir diese Destination gefunden hatten, und eigentlich wissen wir es nicht mehr. Es ist einfach ein bekanntes Surfstädtchen und versprach trotz Herbst in Australien viel Sonne. Auch die Busfahrt dorthin verschliefen wir zum Teil, so müde waren wir vom vielen Surfen. Die Streckenabschnitte, auf denen wir munter waren, gaben uns jedoch erste Einblicke in die australische Mentalität, und diese erschien ziemlich unglaublich.

Unser Busfahrer unterhielt sich wirklich nett mit den Fahrgästen. Bei den Stopps rief er laut den Namen der Haltestelle und Dinge wie zum Beispiel: „I don´t know who of you has to get out here but I´ll soon find out. (Ich weiß zwar nicht wer von euch hier aussteigen muss, doch ich werde es bald herausfinden.)" Somit waren wir alle munter, mussten lachen und die schlafenden Leute versäumten ihre Stopps nicht. Mit einem Fahrgast vertiefte er sich so sehr ins Gespräch, dass ihn dieser, angekommen bei seinem Wohnhaus, zum gemeinsamen Grillen einlud. Wir anderen mussten einfach im Bus warten, während sich die zwei weiter unterhielten. So etwas wäre in Österreich einfach unvorstellbar. Wir fühlten uns in dieser entspannten Atmosphäre sofort wohl. Natürlich wollte der Fahrer auch von uns genau wissen woher wir kamen und was unsere weiteren Pläne sein würden.

In unserem netten Hostel, der Halse Lodge, ging es ähnlich weiter. Die Mädchen an der Rezeption waren zwar nicht viel älter als ich, nannten mich aber alle Darling oder Sweetie. Jede interessierte sich für unsere Tagesplanung und fragte abends wie es gewesen war. Für mich am überraschesten war wohl, dass wir immer wieder, am Strand oder im Wasser, von Fremden angesprochen wurden. Die Leute interessierten sich einfach für die Touristen hier, und selbst die Verkäuferin im Smoothie-Laden wollte alles über uns wissen, während sie Beeren mixte. Wir waren von der Gegend begeistert. Das lag auch an dem Nationalpark, welcher neben der Lodge begann und sich weit über die Halbinsel erstreckte. Gleich bei unserem ersten Rundgang im Nationalpark sahen wir wunderschöne Schmetterlinge und wilde Delphine in der Bucht. Die Schönheit der Gegend und unsere ersten Eindrücke waren beeindruckend.

Direkt vor dem Haus sahen und noch vielmehr hörten wir lautstark verschiedene Papageien und

Kakadus um die besten Plätze auf den Bäumen kämpfen, und eines abends trafen wir direkt vor der Lodge auf einen Fuchs. Die Nähe des Nationalparks machte diese Erlebnisse möglich. Gleich bei unserem ersten Abendessen auf einer Terrasse im ersten Stock saß direkt im Baum neben uns ein Possum und aß ebenfalls. Noch viel erstaunter waren wir, als wir bei unseren Spaziergängen auf Truthähne, so genannte Bush Turkeys, trafen. Wir fanden sie sowohl am Strand als auch gemütlich durch unsere offene Gemeinschaftsküche in der Lodge spazieren. Von dort mussten wir sie laut Hausordnung immer vertreiben, und als wir tatsächlich einmal ein Nest von diesen Tieren sahen, wurde auch klar warum: Der Laubhaufen war zirka vier Quadratmeter groß und einen halben Meter aufgeschüttet! Dieser wurde von den männlichen Vögeln zusammengescharrt, um die Weibchen zu beeindrucken, und das machte wirklich viel Mist.

War die Natur hier wundervoll, so überraschte uns wohl am meisten nur das schlechte Essen zu übertriebenen Preisen in beinahe sämtlichen Restaurants. Als Beilage wurden entweder Pommes oder Kartoffelspalten serviert. Hauptsache es war frittiert. Salate und Gemüse servierte man hier nur in Miniportionen, es war wirklich enttäuschend. Am meisten Freude bereitete uns eigentlich nur der ausgezeichnete Kaffee. Vielen der Australier, welche wir trafen, sah man diesen Lebensstil auch an. Eigentlich hatte ich derart übergewichtige Menschen bisher nur in Amerika gesehen und war darüber einigermaßen erstaunt. Wir entschlossen uns daher schon bald in der Gemeinschaftsküche den Kochlöffel zu schwingen, anstatt uns in den Restaurants weiter enttäuschen zu lassen.

Da wir hier im australischen Herbst ankamen, waren die Wassertemperaturen mit 18 bis 20 Grad nicht gerade einladend. Noch dazu waren die Wellen sehr klein und der Wind zerstörte sie noch zusätzlich. Trotzdem sahen wir täglich, wie einheimische Surfer bei diesen Bedingungen ins Wasser gingen. Die meisten waren mindestens fünfzig Jahre alt. Sie nahmen ihre großen Surfboards von den Autos, bevorzugt getunte Oldtimer, und surften gemütlich die Miniwellen. Das lag daran, dass Noosa ein beliebter Ort war, um seinen Ruhestand dort zu verbringen. Ich hatte noch nie so viele ältere und gleichzeitig auch so fitte Männer auf einmal gesehen. Selbst Zuschauen war toll, denn man konnte einfach sehen, wie viel Freude es ihnen machte, im Wasser zu sein. Sie hielten sich auf diese Weise fit und nach dem Surfen wurde direkt am Strand einfach weiter getratscht und ein Kaffee getrunken. Die Stimmung war friedlich und das Meer hellblau – ein Traum. Leider brauchten wir für unsere Surfboards größere Wellen, und so vertrieben wir uns die Zeit mit Spaziergängen in dem Nationalpark, Wäsche waschen, Tischtennis spielen und lesen.

Der Höhepunkt der australischen Tierwelt stand uns jedoch noch bevor. Damien, jener Australier, welchen wir in Ostjava kennen gelernt hatten, empfahl uns damals schon den Australian Zoo zu besuchen, um viele einheimische Tiere auf einmal sehen zu können. Nachdem die Wettervorschau einfach keine guten Wellen meldete, nutzen wir meinen Geburtstag, um dorthin zu fahren. Als Geschenk wünschte ich mir von Wolfi etwas Einmaliges: Ich wollte einen Koala im Arm halten. Ein wirklich sinnvolles Geschenk, denn mit solch einem Paket unterstützten wir die Arterhaltung und den Artenschutz. Zum Beispiel versucht der Zoo mit dem Geld für die Tiger in Asien Land zu kaufen oder für die Koalas ein Zuchtprogramm zu erhalten. Auch gibt es für von Reptilien bedrängte Australier eine Notrufnummer und noch einiges mehr. Schon am Tag vor dem Ausflug war ich wirklich aufgeregt. Wir fuhren mit dem Bus von Noosa Heads Richtung Brisbane, und der Bus hielt direkt vor dem Zoo. Dort trafen wir uns mit Damien, ein herzliches Wiedersehen, und kauften die Tickets. Da in diesem Teil von Australien gerade touristische Nebensaison war, hätte es für mich gar nicht besser laufen können. Zur Hauptsaison zahlt man normalerweise viel Geld, um einen Koala fünf Minuten halten zu können, aber an meinem Geburtstag,

Anfang Juni, hatte sich niemand sonst dieses Paket gewünscht. Somit war ich die Einzige und während ich den kuscheligen Koala namens Baloo am Arm hielt, plauderte ich mit der Tierpflegerin. Dabei streichelte ich ihn, und er schlief zwischendurch sogar ein. Es war ein unglaubliches Erlebnis und erst nach einer halben Stunde nahm ihn die Pflegerin wieder auf ihren Arm. Ich hatte mich die ganze Zeit über kaum bewegt, um das Tier nicht nervös zu machen. Als ich ihr also den schweren Koala zurückgab, war mein ganzer Rücken verspannt und ich konnte plötzlich kaum gehen vor akuten Schmerzen. Als ich zu Wolfi zurück humpelte, musste er lachen, ich mich jedoch sofort hinsetzen, ganz nach dem Motto: „Bandscheibenvorfall jetzt!". Zum Glück fing gerade das Highlight des Zoos an, die Reptilienshow. Hinkend begab ich mich zur Tribüne und versuchte meinen Rücken zu entspannen. Die Show war beeindruckend und ich wurde toll abgelenkt. Die riesigen Krokodile und Vögel waren beeindruckend. Vor allem als ein Condor mit einer Flügelspannweite von zirka zwei

Metern vorbeiflog, gingen alle in Deckung. Mein Rücken beruhigte sich letztendlich und wir wanderten noch stundenlang schmerzfrei durch den Zoo. Viel Zeit verbrachten wir auch bei den nächsten Verwandten der Koalas, den Wombats. Wir fanden einen in seiner Höhle versteckt, für uns jedoch gut sichtbar durch die Glasfront auf der Rückseite. Das Tier stand an der Wand und rieb sein Hinterteil kräftig dagegen. Wir fanden das so entzückend, dass wir einige Zeit stehen blieben und ihn beobachteten. Als er fertig war, ging er ein paar Schritte weiter. Als wir es ihm gleichtun wollten, kam er sofort wieder zurück und machte dort weiter, wo er aufgehört hatte. Es hatte sich offensichtlich einfach zu gut angefühlt, sein Hinterteil an dieser Wand zu reiben. Einen anderen Wombat entdeckten wir, der verzweifelt und hartnäckig versuchte, das Tor zum Gehege zu öffnen. Davon erzählten wir Damien. Immerhin war er der Landschaftsgärtner hier im Zoo und Tiere bei Fluchtversuchen zu beobachten, war wohl ein eindeutiges Zeichen, dass sie mit ihrem Gehege nicht zufrieden waren. Wir besuchten auch noch die Tigershow. Einer der zwei jungen Tigerbrüder hatte aufgrund eines genetischen Fehlers eine Sehschwäche, welche auch mit Operationen nicht behoben werden konnte. Trotzdem war auch er in das internationale Zuchtprogramm aufgenommen worden, denn Tiger waren so stark vom Aussterben bedroht, dass man es sich nicht leisten konnte, mit auch nur einem Tier nicht zu züchten. Irgendwann kamen wir auch noch bei Koalas in niedrigen Bäumen vorbei, konnten diese noch streicheln und auch noch von Kängurus aus der Hand fressen lassen. Der Zoo war wirklich ein außerordentliches Highlight und abends fielen wir glücklich und müde ins Bett.

Neben Damien trafen wir uns an einem Abend in Noosa Heads auch noch mit den beiden Finnen Anttii und Ella. Wir hatten Anttii 2012 in Westafrika kennen gelernt und mit viel Freude in Erinnerung behalten. Einige Zeit vor unserer Abreise lasen wir auf Facebook, dass er zur gleichen Zeit wie wir in Australien sein würde. Natürlich ist das Land riesig und keiner von uns glaubte an ein Treffen, aber wir waren tatsächlich gleichzeitig in Noosa! Was für ein netter Abend. Außerdem hatten wir noch einer Freundin daheim versprochen, hier ihre Freundin zu treffen. Katja aus Österreich hatte vor einiger Zeit in Sri Lanka geurlaubt und dort Steve aus Australien getroffen. Danach hatte sie alles in Österreich aufgegeben, war hierher gezogen und gemeinsam lebten sie vom Brotverkauf auf Märkten. Wir verbrachten gemeinsam einen netten Vormittag, Smoothie trinkend und über die Heimat plaudernd am Meer.

Eines Tages sahen wir auch noch Thomas Muster, den ehemaligen Weltklasse- Tennisspieler am Strand, leider ohne dass wir die Kamera dabei gehabt hätten. Ich hatte zuvor schon einmal gelesen, dass er zeitweise hier lebt, und Katja erzählte auch, dass er schon einmal ihr Brot gekauft hatte. Noch am gleichen Nachmittag ging ich im Nationalpark eine Runde laufen und fand tatsächlich einen Koala am Baum hängen. Die Ranger hatten ihn entdeckt und ich war zur richtigen Zeit am richtigen Ort, es war unglaublich und auch die Parkmitarbeiter meinten, ich hätte unglaubliches Glück gehabt.

Fazit zu Noosa Heads: Sauber und im Gegensatz zu Indo kein sichtbares Plastik am Strand, rundherum ein schöner Nationalpark und viele Tiere, nette Einwohner und eine entspannte Atmosphäre – wir waren auch von diesem Stopp begeistert!

## Abenteuercamping auf Fraser Island

Noosa war ein toller Ausgangspunkt, um die größte Sandinsel der Welt, Fraser Island, zu besuchen. Von den Aborigines wird die Insel K'gari genannt, übersetzt: Paradies. Schon von Österreich aus hatten wir über das Reisebüro namens „Dropbear" eine dreitägige Abenteuertour mit Camping gebucht. An einem Samstagmorgen ging es los. Gemeinsam mit 13 anderen Teilnehmern trafen wir uns beim Büro des Touranbieters. Die meisten davon waren Rucksacktouristen aus allen Teilen der Welt, von Brasilien über England, Amerika genauso wie Deutschland, und es ergab sich ein bunter Mix. „Die Deutschen sind doch wirklich überall dabei", dachten wir uns noch. Vor Beginn der Tour mussten wir uns im Büro noch ein beinahe einstündiges Video über die Insel und potenzielle Gefahren ansehen. Es wurde vor allem das Fahren mit Allradfahrzeugen auf Sand beschrieben, denn wir Teilnehmer würden in den nächsten Tagen unsere Jeeps selbst lenken. Wolfi und ich hatten uns schon vorab dagegen entschieden, denn wir wollten die Verantwortung für andere Personen im linksseitigen Straßenverkehr nicht übernehmen. Daher saßen wir mit drei fahrfreudigen Amerikanerinnen im Jeep und Wolfi hielt als einziger Mann darin die Stellung. Die Scherze über Frauen am Steuer sind wirklich international und schnell hatten wir auch unseren Walkie-Talkie Codename gefunden: „Wulfpack". Mit den Amerikanerinnen Cheeky, Allyson und Abby war es gleich sehr nett und wir plauderten auf der Fahrt zur Insel locker über unsere Erlebnisse. Auch die anderen Teilnehmer erwiesen sich großteils als humorvoll. Die Überfahrt nach Fraser Island wurde schon spannend, und sobald wir mit den Jeeps auf Sand waren, verstummten auch die Gespräche, immerhin hatte wir im Video jede Menge Jeeps auf dem Dach liegen sehen.

Um auf die Insel zu gelangen, fuhren wir zu dem Ort namens Rainbow Beach, dessen Strand mit vielen verschiedenen Sandfarben wunderschön war.

Unser Guide, Dave, erklärte uns, dass die unterschiedlichen Farben durch den Reinheitsgehalt des Sandes entstehen würden. Je weißer der Sand, desto eher würde er gleich zu Glas schmelzen, wenn er mit Feuer in Berührung käme! Danach ging es mit einer kleinen Fähre über eine Meerenge nach Fraser Island, und das Abenteuer ohne Straßen begann. Wir fuhren mit, für mich gewöhnungsbedürftigen, bis zu 80 km/h den Strand entlang. Mir war das Tempo zu hoch und ausgerechnet unser Jeep kam auch gleich zu Beginn in unkontrolliertes Schlingern. Danach waren alle noch ruhiger und konzentrierter. Nach allem, was wir gerade in Bali gesehen hatten, machte mich dieses Erlebnis eher unentspannt. Mir war das Tempo einfach zu schnell, viel eher hätte ich mir vorstellen können, über die Dünen zu radeln. Warum musste es auf der Welt immer so stressig sein? Doch Allyson bemühte sich und fuhr danach wirklich sehr gut. Zwischendurch stiegen wir aus und Dave zeigte uns, wie wir Muscheln am Strand fürs Abendessen ausgraben konnten. Das machte uns allen viel Spaß, da der Strand voll von so genannten Whongs oder Pipis war. Der Name kommt anscheinend daher, dass die Muscheln, sobald wir sie mit bloßen Händen ausgruben, einen Wasserstrahl ausspuckten. Die nächsten Abende wurden diese Pipis vom Campteam mit Weißwein für uns gekocht und sie schmeckten fantastisch.

Unser erstes Ziel auf der Insel war Lake Wabby, ein See, nur gebildet durch Sanddünen und Regenwasser. Wir wanderten dorthin durch einen Wald und über große Sanddünen. Rund um den See wuchsen viele Teebaumsträucher, und die Blätter und Blüten waren bereits ins Wasser gefallen. Fast alle Tourteilnehmer gingen schwimmen und tranken auch vom See, die Heilwirkung soll einmalig sein. Ich bestieg mit Wolfi und Cheeky auch noch die höchste Sanddüne, was bedeutete, dass wir auf zirka acht Meter hohen Bäumen standen, welche der Sand im Laufe der Jahrhunderte verdeckt hatte. Da sich der Sand hier durch den Wind immer bewegt, wird der See laut Dave in einigen Jahren auch völlig bedeckt sein. Der Großteil der Dünen war gelb, aber ein Teil davon war auch von ganz weißer Farbe, also wieder reinem Sand, ohne Mineralstoffe, Bakterien oder sonstigen Verunreinigungen. Die Dünen sahen wunderschön aus und waren toll zu fotografieren.

Danach fuhren wir zu unserem Basiscamp, welches zum Glück schon von drei freiwilligen Dropbear-Mitarbeitern aufgebaut worden war. Wir bezogen unsere Zelte, fanden die erste kleine, aber sehr giftige Schlange mitten am Weg durchs Camp und wurden nochmals wegen der Dingos instruiert. Hier auf der Insel leben nämlich die weltweit letzten, reinrassigen Wildhunde. Diese stammen eigentlich von indischen Wölfen ab und man unterschätzt ihre Gefährlichkeit sicher auch deshalb, weil sie wie mittelgroße, schlanke Hunde aussehen. Ähnlich wie streunenden Hunden in südlichen Ländern würde man ihnen wohl am ehesten ein paar Steine nachwerfen, sollten sie einem zu nahe kommen, doch hier handelte sich um echte Wildhunde. Sie wirkten nicht so gefährlich, doch jagten sie gerne im Rudel und hatten auch schon Menschen angefallen, gebissen und getötet. Gerade Kinder und davon laufende Menschen wecken ihren Jagdinstinkt. Jeder Besucher der Insel wird instruiert:

1. Sämtliches Essen muss gut verwahrt und entsorgt werden.

2. Die Tiere dürfen keinesfalls gefüttert werden. Und

3. Sollte sich ein Dingo nähern, wäre es gut, wenn man mit einem Stock, Steinen oder wenigstens Sand ausgerüstet wäre. Von letzterem gab es ja wenigstens genug.

Am besten bewegte man sich auf der Insel in der Gruppe, dann würden sich die Tiere fern halten. Wir wurden alle nervös, hatten wir doch schon bei unserer Ankunft auf der Insel den ersten Dingo gesehen. Dave erzählte uns auch noch vom letzten dramatischen Angriff: Ein Tourist hatte sich auf der Insel betrunken und war zum Strand gegangen, wo er sich zu allem Übel auch noch auf sich selbst erbrochen hatte, bevor er einschlief. Als er aufwachte, waren überall Dingos, aßen sein Erbrochenes und bissen ihn natürlich auch. Wir hatten im Camp einige Stöcke zur Verteidigung herumliegen und gingen bestenfalls immer nur zu zweit zur Toilette. Uns stand entweder eine Campingtoilette für Kleines oder auch eine Schaufel für anderweitige Geschäfte zur Verfügung. Mit dieser mussten wir ein Loch graben, uns erleichtern und dieses wieder zu graben. Eine tolle Lösung, um die Spuren unserer Existenz zu verstecken. Wolfi und ich marschierten zu zweit über die Dünen los, einer grub, der andere bewachte die Verrichtung des Geschäftes mit einem Stock bewaffnet. Das hob unsere Beziehung wirklich auf ein neues Level – der Stock schwingende Partner.

Gleich am ersten Abend war klar, dass einige Teilnehmer länger aufbleiben würden, um Billigwein aus Großverpackungen zu genießen. Ich hatte einiges an Tee getrunken, und als ich kurz nach Mitternacht die Campingtoilette aufsuchte, ging ich extra vorsichtig, weil wir dort ja am Nachmittag die giftige Schlange gefunden hatten. Tiere waren nirgends zu sehen, doch ich hörte schon von weitem die Partygeräusche aus dem Hauptzelt. Fünf Personen waren nach der Trinkerei dort übrig geblieben, und sturzbetrunken hörte ich einen der Engländer rufen: „Person at the toilet, can you please show up (Person bei der Toilette, bitte komm herüber!)." Ich rief zurück: „I would like to show up, but I am only wearing panties because I slept already (Ich würde gerne kommen, aber ich trage nur Unterwäsche weil ich schon geschlafen habe)." Woraufhin die legendäre Antwort kam: „As long as you wear more than one sock you are more dressed than we are (Solange du einen Socken trägst bist du mehr angezogen als wir es sind.)." Innerlich musste ich lachen, und als ich im Hauptzelt ankam sah ich schon, dass drei Mitarbeiter des Camps betrunken und angezogen, die zwei Engländer jedoch betrunken und völlig nackt waren! Zumindest einer davon bedeckte sich wenigstens zeitweise mit einem Polster. Anscheinend hatte ständiges Verlieren bei einem Trinkspiel zu dieser Situation geführt. Ich redete auf sie ein, sich wieder anzuziehen, weil es weder besonders warm noch sicher war, doch sie waren mitten in ihrer kleinen Party. Zurück im Zelt erzählte ich Wolfi, dass die beiden Engländer eventuell bereits den ersten Abend Wildcamping nicht überleben würden und morgens fanden wir dann auch tatsächlich Dingospuren im Camp. Alle waren bestens gelaunt und wir stiegen wieder in die Jeeps und fuhren zum nächsten Highlight nach Eli Creek.

Die zwei nackten Engländer waren das Tagesgespräch, die Amerikanerinnen lachten sich schlapp deswegen und am Walkie Talkie gab es die lustigsten Gespräche darüber. Sturzbetrunken hatten sie es nachts natürlich nicht geschafft, ihr Zelt ordentlich zu schließen und ihre Schlafsäcke waren durch leichten Regen nass geworden. Einer der Engländer hatte diese deshalb morgens zum Trocknen auf einen Baum gehängt. Dann fuhren wir zur Tagestour los, woraufhin es – wie übrigens auch von Dave angekündigt worden war – wirklich heftig zu regnen begann. Zum Glück waren Wolfi und ich mit Regenbekleidung auf die Insel gekommen, die beiden Engländer jedoch nur in kurzen Hosen – und ihre Schlafsäcke hingen zudem auch noch nass am Baum. Bald schon schlossen wir Wetten ab, wann die zwei völlig entkräftet von Dingos angefallen werden würden. Die beiden waren einfach herrlich und sorgten für viel Gelächter.

Die Insel selbst war wunderschön. Eli Creek ist ein Bach, der von der Inselmitte ins Meer fließt. Dort erfuhren wir von den massiven Süßwasservorkommen unter der Insel, mit denen man einige hundert Male das Hafenbecken von Sydney füllen könnte, denn es gibt hier beinahe 200 Süßwasserseen. Danach fuhren wir ganz in den Norden, zum so genannten Indian Head. Gemeinsam bestiegen wir diese Felsformation und von oben entdeckten wir einen großen Hai im Meer. Das sollte der einzige in den drei Monaten bleiben, und er war wirklich groß, der größte den wir bis jetzt gesehen hatten. Rund um Fraser Island ist Baden und Schwimmen generell verboten, weil es ein Brutgebiet für viele Haiarten, auch den gefährlichen Tigerhai, ist. Weiter draußen im Meer konnten wir auch Wale entdecken, und vor dieser aufregenden Kulisse erzählte uns Dave die Geschichte von K'gari:

Die Aborigines der Insel, die sogenannten butchulla people, welche die Insel seit tausenden von Jahren bewohnten, glaubten, dass eine Göttin diese Insel so sehr geliebt hatte, dass sie für immer dort bleiben wollte. Das war Göttern jedoch verboten, da sie den Aborigines geschenkt worden war. Doch der Göttin wurde erlaubt, die Insel zu besuchen. Bei einem dieser Besuche entschieden die Aborigines gemeinsam mit den Göttern, dass sie bleiben durfte, und verwandelten sie in einen riesigen Stein, auf dem wir in dem Moment saßen, während uns Dave die Geschichte erzählte. Die Augen der Göttin wären Richtung Himmel gewandt, um sich bei den anderen Göttern bedanken zu können. Dave erzählte uns auch, dass es momentan nur noch zehn Eingeborene gibt, welche immer wieder für längere Zeit auf der Insel leben würden. Die Aborigines haben drei Grundsätze:

1. Tu nie etwas, was dem Land schadet.

2. Wenn Du viel hast, musst du es teilen (auch mit Feinden).

3. Das Land kommt immer zuerst (es gibt keinen Landbesitz oder Zäune).

Zwar lebten Ureinwohner auf Fraser Island seit tausenden von Jahren, doch aufgrund dieser unglaublichen Grundsätze finden sich kaum Spuren von Zivilisation in der Landschaft. Später zeigte uns Dave auch noch einen einzigen Baum, welcher Schnitzspuren hatte. Alle Aborigines machten sich aus dem gleichen Baum eine Schale, und nur dieser eine wurde beschädigt.

Erfüllt mit dieser schönen Geschichte fuhren wir zu einer Rangerstation picknicken. Dort hing im Kiosk ein unglaubliches Foto an der Wand. Genau vom Indian Head oben fotografiert, sah man einen

Surfer Richtung Ufer paddeln und hinter ihm war ein großer Hai sichtbar! Wolfi und ich würden das Bade- und Surfverbot hier unbedingt einhalten.

Nachmittags fuhren wir zu unserem nächsten Ziel, der Maheno. Ein verrostendes Schiff lag einfach so mitten am Strand, halb überspült von den Wellen. Es regnete heftigst, als wir dort ankamen, und die Fotos wurden durch die düstere Stimmung fantastisch. Dave erzählte uns die folgende spannende Geschichte:
Das Schiff wurde vor hundert Jahren verwendet, um zwischen Australien und Neuseeland zu segeln. Während des Ersten Weltkrieges wurde es zu einem Krankenschiff umgebaut. Danach war es als Passagierschiff im Einsatz und wurde, als es zu alt war, an Japan verkauft, um das Material zu verwerten. Dazu wurde es in einem australischen Hafen völlig ausgeschlachtet, sogar die Turbinen und der Motor wurden bereits hier verkauft. Ein japanisches Schiff kam, um die Maheno abzuschleppen. Dies sollte im Winter passieren, da es normalerwei-

se in dieser Jahreszeit weniger Zyklone gab. Doch diese zwei Schiffe kamen in einen wilden Sturm, das Verbindungsseil riss, und sieben Matrosen trieben ohne Navigation und Motoren auf hoher See, bis sie auf Fraser Island aufliefen. Von dort konnte das Wrack ohne Motor und Turbinen jedoch nicht mehr wegbewegt werden. Anfangs wurde es sogar noch benutzt, um darauf Hochzeiten zu veranstalten. Doch das Schiff zerfiel immer mehr, und während des Zweiten Weltkrieges diente es sogar als Zielobjekt für Bombenabwürfe.

Nach diesem tollen Erlebnis fuhren wir hungrig und müde heim. Im Camp angekommen, bekamen die zwei Engländer ein neues Zelt und neue Schlafsäcke. Abends merkte man jetzt schon, dass der australische Winter vor der Tür stand, und die beiden waren noch immer in kurzen Hosen.

Dave erzählte uns abends weitere, unglaubliche Geschichten. Zum Beispiel war er eine zeitlang als Tierfänger in Australien tätig gewesen. Während dieser Zeit bat ihn ein Australier, welcher einen

Gezeiten-Pool hatte, um Hilfe. Diese Pools füllen und entleeren sich selbstständig durch Ebbe und Flut. In diesem Fall rief ihn der Kunde an, weil er nach der Befüllung einen 1,80 m großen Hai im Pool hatte!

Er erzählte uns auch viel über Fraser Island. Aborigines lebten hier tausende Jahre lang, bis eines Tages die Engländer Australien zu besiedeln begannen. Wie überall wurden die Ureinwohner verjagt. Eines Tages wollte ein englischer Kapitän namens Fraser mit seiner schwangeren Frau Elisa zurück nach England segeln. Doch leider liefen sie auf Grund und überlebten mit einem Teil der Mannschaft drei Wochen auf See, bevor sie auf Fraser Island angespült wurden. Die Aborigines, welche damals zahlreich auf der Insel lebten, fanden die Schiffbrüchigen und pflegten diese. Leider überlebten einige der Matrosen die Strapazen der drei Wochen nicht. Kapitän Fraser starb ebenfalls und seine Frau erlitt eine Fehlgeburt. Als sich einige der Mannschaft besser fühlten, machten sie sich auf den Weg in die Stadt und ließen Elisa Fraser von der Insel holen. Sie ging nach England zurück, hatte jedoch ihren Mann und auch alle Ersparnisse bei dem Schiffsunglück verloren. Also begann sie, ihre Geschichte im Hyde Park gegen Geld zu verkaufen. Natürlich war die Originalversion nicht sehr gewinnbringend, also begann sie die erlebte Geschichte auszuschmücken. Sie berichtete von den wilden Kannibalen, welche sie auf der Insel gefunden hätten, und erfand noch mehr wirre Details. Irgendwann waren ihre Geschichten so abstrus geworden, dass Elisa in eine englische Irrenanstalt eingeliefert wurde. Das Problem jedoch war, dass sie überall herum erzählt hatte, dass es auf der Insel unglaubliche Holzstämme geben würde, und dadurch kamen englische Holzfäller nach Fraser Island. Sie waren bei ihrer Ankunft auch noch schwer bewaffnet, denn sie dachten wilde Kannibalen zu finden. Die Eingeborenen, welche die Schiffbrüchigen gepflegt hatten, wurden von den Holzfällern gejagt und getötet. Als beinahe nur noch Frauen und Kinder übrig waren, wurden diese nach Indian

Heads getrieben und mussten dort von den steilen Klippen in den Tod springen. Mit diesen Geschichten verging der letzte Abend und wir schliefen tief und fest in unseren Zelten, während es wild regnete.

Morgens fanden wir erneut überall Dingospuren. Der letzte Tag auf der Insel war leider völlig verregnet. Wir fuhren zum Lake McKenzie, ebenfalls ein Regenwassersee, der an diesem Tag gehörig aufgefüllt wurde. Der Sand am Ufer war ganz weiß, im Wasser waren Schildkröten und einige vom Camp gingen trotz der Kälte schwimmen. Wir setzten uns jedoch ins warme Auto und beobachteten die anderen beim Frieren. Da wir in Österreich so viele Seen haben, ist es für uns ja nicht so besonders, in einen Süßwassersee zu springen, noch dazu bei der Kälte. Zu Mittag wanderten wir noch durch den Regenwald. Wir sahen laut Dave den einzigen Regenwald weltweit, welcher auf Sand wächst und fühlten uns wirklich in die Urzeit zurück versetzt. Ganz besonders waren auch die bizarren Riesenfarne, ältere Lebewesen als die Dinosaurier, welche es ebenfalls nur noch an wenigen Plätzen weltweit gibt. Wolfi und ich kletterten noch auf einen so genannten Würgebaum mit starken Wurzeln, welcher einen anderen Baum schon komplett überwachsen hatte. Dieser Parasit schaffte es, einen anderen Baum über die Jahre hinweg auszusaugen und zu töten.

Nach diesen Erlebnissen begann die lange Rückfahrt nach Noosa Heads. Wir mussten bei schlechtem Wetter den Strand entlang fahren, trafen kaum mehr auf andere Autos und blieben einmal beinahe im tiefen Sand stecken. Die letzten Tage waren wirklich abenteuerlich gewesen und das schlechte Wetter verstärkte die düstere Stimmung. Einer unserer Jeeps blieb dann tatsächlich auch noch im Meer stecken und Dave musste ihn mit der Strömung hinaus lenken. Wir waren höchst nervös, als wir durch das tiefe Wasser fuhren und waren froh, nicht im Treibsand stecken zu bleiben. Ein anderer Jeep blieb auf einer Sanddüne hängen und die

Männer schoben ihn den Sand hinauf. Endlich bei der Fähre angekommen, kam noch einmal ein Dingo angeschlichen, doch wir waren zu müde für Fotos. Kaum in unserer Jugendherberge in Noosa angekommen, fielen Wolfi und ich hundemüde ins Bett. Was für eine Tour!

## Zurück in Noosa Heads

Nach Fraser Island war die Stimmung in Noosa merklich anders, es wurde herbstlich. Nicht nur auf der Insel, auch hier hatte sich das Wetter verändert und plötzlich regnete es jeden Tag. In unserem Zimmer in der Halse Lodge war es kälter und ungemütlicher. Wir gingen surfen und merkten auch im Wasser, dass sich die Jahreszeit verändert hatte. Die Wellen waren noch immer nicht besonders und wir waren definitiv in Aufbruchstimmung.

Bei einer morgendlichen Wanderung im Nationalpark entdeckten wir noch ein lustiges Tier, eine Mischung zwischen Igel und kleinem Stachelschwein. Damien erklärte uns, dass es sich um ein so genanntes Echidna handelte. Wir trafen ihn in den letzten Tagen nämlich nochmals und Wolfi kaufte ihm ein neues Surfboard ab. Bei dem Treffen hatte er auch seine neue, australische Freundin mit, und sie erklärte uns tatsächlich, dass sie noch niemals ein Echidna gesehen hatte. Und das, obwohl sie in Noosa aufgewachsen war!

Wir wussten, unsere Tage hier waren gezählt und bald würden wir wieder in die Wärme weiterfliegen. Umso geschockter waren wir, als zwei Tage vor dem geplanten Abflug nach Fidschi eine E-Mail kam, in der uns Fiji Airways mitteilte, dass es unseren Flug nicht mehr geben würde und wir einen Tag später fliegen sollten! Was für ein Dilemma! Wir riefen sofort bei der Airline an, ich war wirklich wütend. Immerhin war vom Flughafentransport in Australien bis zum Zimmer in Fidschi alles organisiert und auch bereits bezahlt. Und ganz sicher wussten die dort schon länger, dass der Flug nicht stattfinden würde. Wir waren verärgert und ließen das die Frau am anderen Ende der Leitung auch spüren. Wir diskutierten so lange mit ihr, bis sie uns statt des Flugs mit Fiji Airways einen Tag später einen Flug mit Virgin Airlines am gleichen Tag wie geplant buchte. Wir würden nur zwei Stunden früher ankommen. Das war perfekt, noch dazu nahm diese Airline unsere Surfbretter gratis mit. Schon von Österreich aus wollte ich damals diese Fluglinie buchen, jedoch wären die Preise zu hoch gewesen.

Wir waren wieder zufrieden und packten für die Abreise.

Jetzt wollten wir unseren letzten Tag nochmals so richtig genießen, doch schon erlebten wir den nächsten Schock: Ich bekam eine E-Mail von einer österreichischen Miss Austria Agentur. Diese Agentur hatte herausgefunden, dass ich mich auf Facebook mit meinem Spitznamen, „Miss Austria" registriert hatte und dort schon seit Jahren so angemeldet bin. Bisher war das jedem egal gewesen, doch jetzt hatte diese Agentur davon Wind bekommen und meinte, ich würde ihre Namensrechte missbrauchen. Diese würden sie für die Misswahl im Juli brauchen. Hallo: Es war bereits Mitte Juni! Ich schrieb eine bitterböse E-Mail zurück. Facebook war momentan der einzige Kontakt zu meinen Freunden weltweit, zu meiner Familie daheim, es war die schnellste Möglichkeit, alle auf den neuesten Stand zu bringen und alle Infos und Fotos auszutauschen. Bestimmt würde ich nicht, eine Nacht vor unserem Abflug nach Fidschi, diese wichtige Lebenslinie kappen. Wofür hatte ich denn eine Rechtsschutzversicherung? Das Einzige, was ich umstellte war, dass nur noch echte Freunde meinen Facebook-Namen sehen konnten. Ich hoffte, das würde reichen, um der drohenden Gefahr eines gerichtlichen Nachspiels zu entgehen, denn das wurde mir in weiteren E-Mails angedroht. Wolfi und ich beschlossen gemeinsam, dass ich mich notfalls verklagen lassen müsste.

Unseren letzten Abend in Australien verbrachten wir in einem netten Restaurant, tranken australischem Shiraz und konnten kaum glauben, was in den letzten Tagen geschehen war. Unser Resümee: Australien ist immer eine Reise wert, die Tierwelt unglaublich und österreichische Modelagenturen sind sehr seltsam.

# FIDSCHI

## Weiterflug Viti Levu

Um 04:30 Uhr morgens wurden wir pünktlich vom Airportshuttle abgeholt. Ich verschlief die gesamte Fahrt zum Flughafen Brisbane, wo wir früher als geplant ankamen. Wir freuten uns noch, weil alles so perfekt funktioniert hatte, doch als uns die Dame von Virgin Airlines einchecken wollte, gab es ein kleines Problem. Das Ö von meinem Familiennamen fehlte in meinem Ticket, und somit konnten sie mich nicht einchecken. Zum Glück hatten wir jedoch eine Buchungsbestätigung, in welcher das Ö gut sichtbar war. Das alles wäre kein Problem und nur eine Formalität, meinte die nette Dame am Schalter, nicht wissend, dass nun ein langer Kampf mit der anderen Airline beginnen würde. Fiji Airways wollte nämlich plötzlich 120 Australische Dollar für meine Namensänderung. Die tolle Angestellte bei Virgin Airlines kämpfte unglaublich für uns. Auch sie würde sehen, dass die Buchungsbestätigung auf den richtigen Namen lautete. Sie fotografierte diese sogar und sandte der anderen Dame das

Foto, doch diese blieb unerbittlich. Es folgten endlose Telefonate, die Schlange hinter uns wurde immer länger, und gelegentlich hielt die Dame vom Virgin-Bodenpersonal ein Handy an dem einen und ein Festnetztelefon an dem anderen Ohr. Wir wurden mit der Zeit wirklich wütend, doch die Dame, welche für mein Gratisticket kämpfte, war unglaublich professionell. Weder von der Intensität noch von der Lautstärke her wurde sie in den dreißig (!!) Gesprächsminuten auch nur ansatzweise aggressiv, während wir uns abwechselnd aufregten. Als sie nach ganzen fünfzehn Minuten sinnloser Diskussion merkte, dass sie nicht weiter kam, sagte sie einfach ganz ruhig: „I see that you cannot solve the problem. Can I speak to your supervisor, please? (Ich merke, Sie können das Problem nicht lösen. Kann ich mit Ihrem Chef sprechen?)." Rein optisch war gut sichtbar, dass sie ebenfalls genervt war, doch sie ließ sich verbal einfach nichts anmerken. Diese Art der Kommunikation ist so überhaupt nicht typisch für Österreich und ich nahm mir vor, das unbedingt nach Hause in mein Büro mitzunehmen. Letzten Endes entschied Fiji Airways nach einer halben Stunde, dass wir richtig gebucht hatten und änderte meinen Namen, so dass wir fliegen konnten. Das hatte viel Zeit gekostet und wir wussten auch nicht, ob alle meine Tickets elektronisch bis Hawaii geändert worden waren, denn diese hatten wir alle mit der gleichen Airline gebucht. Ich blieb positiv gestimmt, denn immerhin bedeutete die Änderung auf den Virigin Flug erneut, dass wir nichts für den Transport der Surfbretter zahlen mussten! Niemand hätte wohl gedacht, dass wir mit unserem Gepäck so billig um die Welt fliegen würden.

Die ganze Aufregung führte wieder dazu, dass wir den Flug nach Fidschi gleich wieder verschliefen. So machte uns das Reisen Spaß. Von Brisbane war es leider nur ein Katzensprung auf die kleine Insel in der Südsee – gerne hätten wir auch noch länger geschlafen. Die Ankunft auf der Hauptinsel mit internationalem Flughafen in Nadi war einmalig. Im Flughafengebäude warteten ein paar Männer mit

Gitarren auf uns und sangen ein Begrüßungslied. Wir Touristen lauschten ganz verzückt, und als das Lied fertig war, gingen sie Richtung Rollfeld, legten die Instrumente zur Seite, zogen wieder ihre Warnwesten an und setzten sich die Ohrenschützer auf. Das Bodenpersonal begrüßte hier anscheinend alle ankommenden Gäste auf diese Weise! Wir bestiegen unser im Vorhinein reserviertes Taxi in Nadi mit Ziel Waidroka Bay Resort. Unser Fahrer sprach ein lustiges Englisch (Fidschi-Hindi), und im Zuge der Fahrt erfuhren wir, dass Englisch hier zwar die Hauptsprache war, er jedoch aus Indien kam. Die Inder waren bereits im 19. Jahrhundert durch die Engländer nach Fidschi gekommen und hatten auf den Zuckerrohrplantagen gearbeitet. Lustigerweise sprach er jedoch diese Art von Englisch wie ein neu eingewanderter Inder, welcher Englisch als Fremdsprache dazu gelernt hatte und nicht so, als wäre es seine Muttersprache. Wir mussten immer wieder lachen. Noch immer war Zuckerrohr nach dem Tourismus die Haupteinnahmequelle für die Inseln. Das Wetter bei unserer

Ankunft war gut und der Verkehr sehr gemütlich. Der Taxifahrer erzählte uns, dass es nur wenige Autos gab und die meisten Leute mit dem Bus fuhren. Außerdem durfte man nirgendwo schneller als 80 km/h fahren und konnte die Insel mit diesem Tempo per Auto an einem Tag umrunden. Schließlich waren es nur 500 Kilometer.

Das Inselleben war so entspannt, dass die Polizisten hier keine Waffen trugen. Bei zirka 850.000 Einwohnern, so erklärte uns der Fahrer, würde jeder jeden kennen. Sollte also jemand etwas anstellen, würden es bald alle wissen! Beim Betrachten der Landschaft stachen uns die vielen Nadelbäume ins Auge. Diese waren, genau wie damals in Sri Lanka, von den Engländern hierher gebracht worden. Ein lustiger Mix auf einer tropischen Insel wie Fidschi. Wir sahen neben den Wäldern auch Hindutempel. Das war beeindruckend, denn wir hatten uns auf die Südsee nicht allzu sehr eingelesen und gar nicht gewusst, dass hier so viele Inder leben. Nach der Hälfte der Fahrt tauschten wir unser Taxi gegen jenes von drei Hawaiianern aus, welche von unserem nächsten Ressort kamen und Richtung Nadi weiter mussten. Wir fragten gleich, wie es ihnen gefallen hätte. Sie allerdings waren wirklich pessimistisch. Das Essen wäre zu wenig und zu teuer, der Rest eher unterdurchschnittlich. Wir wurden nervös. Man wusste ja nie, was man von Europa aus gebucht hatte, aber auch unser australischer Freund Damien hatte uns schon in Ostjava erzählt, dass er diese Anlage toll gefunden hatte. Gleich danach begann es während der zweistündigen Autofahrt, passend zu unserer neuen Stimmung, wirklich heftig und tropisch zu regnen. Als wir im endlich am Zielort ankamen, war es finster und unser Surfgepäck am Dach des Wagens völlig durchnässt. Der Fahrer setzte uns ab und war sofort verschwunden. ich scherzte noch, dass Horrorfilme genauso beginnen. Doch wir wurden sofort herzlich empfangen und es gab gleich bei unserer Ankunft Abendessen: Spinatsuppe, tollen Mahimahi-Fisch und leckere Ananas. Es war ein toller Mix aus einheimischer und indischer Küche und wir konnten die Meinung der Hawaiianer von Anfang an zum Glück gar nicht teilen. Jeden Abend um 19 Uhr trommelte das Küchenpersonal auf lokalen Instrumenten und das war das Signal für unser gemeinsames Abendessen. So lernten wir auch gleich am ersten Abend die anderen Gäste kennen. Wir waren müde von der Anreise und freuten uns über den netten, ersten Abend und das schöne, große Zimmer mit Ausblick aufs Meer. Unserer Meinung nach hielt das Waidroka Resort vom ersten Moment an genau das, was wir uns vorgestellt hatten. Ich war allerdings an unserem ersten Abend so schnell im Bett, dass ich kaum mehr erlebte, wie Wolfi aus dem Bad kam. Zuvor hatten wir für den nächsten Tag beschlossen: Sollten wir früh munter werden, dass Wetter toll sein und wir uns fit fühlen, würden wir sofort eine Surftour mitmachen. Glücklich und mit dieser Vorfreude schliefen wir auf der Stelle ein.

Der nächste Morgen begann und somit auch unser erster Tag auf Viti Levu, der Hauptinsel der Fidschi-Gruppe im Südpazifik. Bei Südsee dachten wir damals in Österreich automatisch an tropische Stimmung und Sonnenschein, doch davon war an diesem Morgen rein gar nichts zu bemerken. Es regnete wirklich heftig, der Himmel war düster und wir blieben bis neun Uhr im Bett! Nach dem leckeren Frühstück waren wir gestärkt und bereit für Abenteuer, hatten aber schon die erste Surftour versäumt. Außerdem hörte es einfach nicht zu regnen auf. Also warfen wir uns die Regenjacken über und gingen am Ressortgelände spazieren. Unten am Meer war ein kleiner Bootskanal ausgehoben worden und am späten Nachmittag hatte die Ebbe einen schmalen Streifen totes Riff freigelegt, auf welchem wir spazieren gehen konnten. Gerade am Ende der Riffmole angelangt, trauten wir unseren Augen kaum, denn unter einer großen Koralle fanden wir einen zirka 30 Zentimeter großen Kraken versteckt. Sie schlief gar nicht, wie sonst bei nachtaktiven Tieren üblich, sondern suchte aktiv nach Krebsen und bewegte sich mit seien langen Fangarmen flink durchs Wasser. Wir waren wirklich aufgeregt: Was für ein seltener Fund tagsüber! Auch die Taucher vom Resort bestätigten uns, dass dies eine außergewöhnliche Begegnung gewesen sei, noch dazu ohne dass wir auch nur einen Zeh dafür ins Wasser stecken mussten.

Wir waren hellauf begeistert und hatten auch anschließend noch viel Spaß, denn im Resort hatten wir uns Werbematerial über Fidschi durchgelesen und dabei ein überaus kitschiges Foto eines blitzblauen Seesterns entdeckt. Für uns war klar: Diese Bilder waren von einem Grafiker schlecht nachbearbeitet und eingefärbt worden, denn so blaue Seesterne gibt es auf diesem Planeten sicher nicht.
Kaum standen wir jedoch bei dem Kraken, lagen dort einige dieser blitzblauen Seesterne, vermutlich nur für uns Touristen platziert. Wir spazierten an diesem Nachmittag noch ein zweites Mal aufs Riff hinaus und nahmen die Kamera mit. Bei viel niedrigerem Wasserstand fanden wir den Kraken gut versteckt unter den Korallen, entdeckten Baby-Muränen von unglaublicher Winzigkeit und staun-

ten über Seewürmer, welche von beeindruckender Länge waren. Das alles hatten wir entdeckt, ohne auch nur einen Fuß ins Meer setzen zu müssen, und wir waren beeindruckt. Leider wurde das Wetter den ganzen Tag kein bisschen besser. Es regnete immer wieder heftig, obwohl hier im Juni eigentlich Winter und somit Trockenzeit sein sollte.

Noch am gleichen Abend nahmen wir an unserer ersten Kava-Zeremonie teil. Bei diesem traditionellen Umtrunk wird eine heimische Wurzel, welche mit dem Schwarzen Pfeffer verwandt ist, zerstampft und so lange in Wasser gewaschen, bis dieses einfach nur noch wie dreckiges Brackwasser aussieht. Der Genuss von Kava soll entspannend sein und innere Unruhe mindern, auch eine schmerzstillende Wirkung wird der Wurzel nachgesagt. Wir Ressortgäste saßen mit den Angestellten kreisförmig am Boden, die Männer spielten wunderschön Gitarre und Ukulele und die Stimmung war tatsächlich sehr entspannt. Immer wieder wurde eine einzige Kokosnusshälfte als Trinkgefäß in die Kavaschüssel getaucht. Hygiene war hier offensichtlich ein Fremdwort, da mit Begeisterung im Brackwasser geschöpft wurde. Da alle Gäste mitmachten, tranken auch wir einiges von dem Wasser. Wolfi und ich wurden sofort an einige unserer anderen Reisen erinnert, zum Beispiel nach Madeira. Die einheimische Spezialität dort war der so genannte Poncha. Alkohol wird dort mit Zucker, Honig und Zitronensaft verrührt. In weiser Voraussicht bestellten und teilten wir uns nur ein Glas von dem so allseits gelobten Getränk, denn es schmeckte einfach nur grauenhaft. Selbst Wolfi, welcher aus der Alkoholbranche kam, hatte Mühe das kleine Glas zu leeren! Ein anderes Erlebnis hatten wir außerdem vor ein paar Jahren in Ecuador. Unser Vermieter in dem kleinen Örtchen Canoa war furchtbar stolz auf seinen selbst gebrannten Schnaps, den wir unbedingt kosten sollten. Er empfahl uns, langsam zu trinken, denn der Inhalt war neben Alkohol und undefinierbaren Pflanzen auch noch Skorpiongift und Marihuanablätter. In einem unbeobachteten Moment leerte ich den Inhalt meines Glases sofort aus dem Fenster. Wolfi jedoch musste seines mit unserem Vermieter trinken. Er tat mir wirklich leid, weil er sich danach gar nicht gut fühlte. Ein anderes Mal erwischte es mich, denn wir waren Essen in Sri Lanka und baten um „not spicy" food. Ich kostete meines und sofort liefen mir die Tränen übers Gesicht. Der Kellner war schockiert, denn der Koch hatte „nur" vier Chillis mitgekocht, 12 wären hier normal gewesen. Um sich zu entschuldigen, brachte mir der nette Mann sofort ein landestypisches Gericht: Ananasscheiben, über und über mit Salz bedeckt. Diese waren für mich einfach nur ungenießbar und während ich mir noch die Tränen trocknete, versuchte Wolfi die Ananasringe unter dem Tisch mit seiner Serviette zu reinigen. Leider hatte er dabei nur mäßig Erfolg und ich musste diese salzigen Dinger auch noch essen. Wegen all dieser Erfahrungen sind wir, sobald wir auf regionale Spezialitäten stoßen, eher vorsichtig und vermieden auch in Fidschi Augenkontakt, um nicht augenblicklich in Gelächter auszubrechen. Zurück zur Kava-Zeremonie in unserem Ressort: Bei meinem ersten Kavabecher dachte ich noch, das Getränk sei wenig schmackhaft, aber trinkbar, beim fünften Gemeinschaftsbecher musste ich jedoch bereits würgen. Kaum vorstellbar, dass diese Zeremonie Stunden dauern sollte. Wir durften während des Befüllens auch noch Low oder High Tide sagen, damit die Einheimischen wussten, wie voll wir den Becher wollten. Die besonders motivierten, sagten auch schon einmal Tsunami. Wir waren zum Glück nur eine Stunde dabei, dann gingen wir Ressortgäste essen und die Einheimischen machten ohne uns weiter.

Wir waren eine nette, kleine Runde und fühlten uns miteinander sehr wohl. Der Surfguide, ein quirliger Spanier, erzählte uns während des gemeinsamen Essens, dass momentan nur ein Spot namens Fregates zum Surfen richtig gut funktionieren würde. Das Problem für mich dabei war: Diese Welle bricht an einem Riff 20 km weit draußen auf dem offenen Meer! Kein Flecken trockenes Land weit und breit wäre zu sehen und eine Stunde Bootsfahrt, nötig um sie zu erreichen. Angesichts einer möglichen Seekrankheit waren diese Bedingungen gar nicht optimal, denn wir würden auch den ganzen Tag dort draußen bleiben. Er bot mir an, falls mir übel werden würde, dass ich ja schnorcheln gehen könnte. Doch ich kannte mich gut genug um zu wissen, dass mir nach einer Stunde schnorcheln oder zwei Stunden surfen meistens kalt wurde. Danach wären noch mindestens vier Stunden Wartezeit im Boot zu bewältigen. Für mich ein unüberwindbares Problem, weil ich einfach eine kleine Binnenstaatlerin bin, unglaublich! Ich konnte mich letzten Endes nicht für diese Tour erwärmen und wir ließen uns für einen anderen Spot in der Nähe einplanen, wo die Wellen auch kleiner sein sollten.

Am nächsten Morgen trafen wir uns beim Bootsanlegeplatz. Wir teilten uns ein Boot mit Sean, einem netten Amerikaner, welcher gut surfte. Insgesamt fuhren sieben Surfer und zwei Boote hinaus. Ich war beruhigt, denn mit so vielen Personen fühlte ich mich gleich wohler. Wir steuerten an diesem

Tag drei Surfspots an, von denen nur einer wenigstens ein bisschen funktionierte. Für mich war das alles jedoch allemal besser, als zwanzig Kilometer weit draußen auf dem Meer zu sein. Die Bedingungen waren schwierig und ziemlich viel Wind machte die Wellen großteils kaputt, während das Boot schön schaukelte. Wir paddelten zur Welle rüber und unter uns am Riff waren bunte Fische erkennbar, also wirklich eine schöne Kulisse, um zu surfen. Ich konnte bei den Amerikanern gleich sehen, dass sie stark gegen die Strömung paddeln mussten, sobald sie einmal gesurft waren, und von allen Wellen die ich zu surfen probierte, funktionierte an diesem Tag keine einzige. Nach einiger Zeit blickte ich hinaus aufs offene Meer und sah, gar nicht weit von uns entfernt, einen großen Barrakuda aus dem Wasser springen. „Warum sollte so ein gefährlicher Jäger wohl flüchten?", fragte ich mich, und meine Antwort lautete: „Vermutlich weil ihn gerade noch etwas Größeres jagt." Die schlechten Wellenbedingungen und der Raubfisch waren für mich das Zeichen, um zum Boot zurück zu paddeln. Die anderen Surfer kamen nicht viel später und jeder fragte den anderen, ob er denn auch den großen Barrakuda gesehen hätte. Es war eine gute Erfahrung dort draußen zu sein, doch ich war auch froh, als wir wieder heimfuhren. An Land angekommen, spürte ich zum Glück nur eine leichte Seekrankheit, doch Wolfi ging es noch viel schlechter als mir. Er hatte sich irgendwann während des Paddelns bei den schlechten Bedingungen den Rücken verrenkt und ziemliche Schmerzen. So stark, dass ich ihm sogar vom Boot helfen musste. Die anderen Surfer kamen mit dem zweiten Boot nur zwanzig Minuten nach uns zurück und erzählten, dass wilde Delphine ganz nah neben ihrem Boot aufgetaucht waren. Und während ihrer Rückfahrt war ein großer Hai an die Oberfläche geschwommen. Wir hatten wie immer einfach gar nichts gesehen, auch noch immer keinen Hai. Sie waren ziemlich aufgeregt und erzählten uns auch noch eine andere, unglaubliche Geschichte: Bei einer Surftour vor ein paar Tagen hatten sie am Rückweg vom fahrenden Boot aus gefischt. Einer von ihnen fing dabei einen großen

Fisch, welcher schwer an der Leine hing. Er musste mit seinem Fang ziemlich kämpfen, doch nach einiger Zeit ließ sich die Leine plötzlich ganz leicht einholen. Der Amerikaner war höchst erfreut, bis er den Grund für die neue Leichtigkeit sah. Die Hälfte des Fisches fehlte, durchgebissen von einem Hai, wie ihm der Bootskapitän bestätigte!

In den nächsten Tagen hatten wir mit den anderen Surfern viel Spaß und sie erzählten uns abends die tollsten Geschichten. So war zum Beispiel Johns Vater früher Taucher in der Army gewesen und Schnorcheln bedeutete für ihn bis zu acht Stunden draußen am Meer zu bleiben. Was für eine unglaublich lange Zeit! Um diese Dauer zu überbrücken, konnte es anscheinend auch passieren, dass er zwischendurch einschlief! Einmal wurde er so schlafend von einem Kajakfahrer am offenen Meer gefunden, der dachte, er wäre tot. Noch fantastischer fanden wir jedoch die andere Geschichte, welche vom ersten Date von Johns Eltern handelte. Sein Vater erzählte seiner neuen Freundin nämlich nichts von seinen stundenlangen Schnorchelausflügen. Die beiden fuhren also gemeinsam zu einem Strand in Hawaii, er ging ins Meer schnorcheln, und nach drei Stunden rief sie die Küstenwache. Diese fuhr mit einem Boot hinaus, fand ihn und fragte: „Hey Mate, are you Nick? Your wife is pissed! (Hey Kumpel, bist Du Nick? Deine Frau ist sauer!)." Wir hatten mit den Jungs ein paar tolle Abende im Ressort und lachten wirklich viel.

Der dritte Tag in Fidschi brachte endlich so richtig schönes Wetter, doch die Stimmung bei uns war etwas getrübt. Wolfi hatte sich beim gestrigen Surfausflug zusätzlich zur Rückenverletzung auch noch seinen Fuß hart angeschlagen. An diesem Tag war sein Rücken zwar erfreulicherweise besser, jedoch hinkte er die ganze Zeit herum und konnte keinen geraden Schritt tun. Vormittags war es so schlimm, dass er glaubte, sein Fuß wäre gebrochen. Ich diagnostizierte ihm sofort einen typischen Männerbruch, welcher bei keinem Mann weltweit lange dauern würde. Und tatsächlich, nachmittags konnte er schon wieder zum Kajak hinken, denn die Sonne schien und beste Schnorchelbedingungen waren gegeben. Zirka zehn Paddelminuten von unserem Ressort entfernt, befand sich eine befestigte Plattform, welche wir ansteuerten. Bis wir diese letztendlich erreicht hatten, diskutierten wir elendslange und bis ins kleinste Detail alles Mögliche: Stärke des Paddelschlags, Paddelbewegungen generell und Rhythmus. Wenn man kein Pärchen ist, kann man sich vermutlich gar nicht vorstellen, worüber man so alles während einer zehnminütigen Bootsfahrt diskutieren kann. Ich persönlich kannte aber auch schon vor unserer Reise Pärchen, welche ihre jeweiligen Sportarten einfach nicht mit ihren Partnern betrieben. Eine Idee, für die ich mich während des kurzen Paddelns in Viti Levu zu erwärmen begann. Für uns selbst einigermaßen überraschend, kamen wir tatsächlich bei der Plattform an. Wir sprangen gleich ins blitzblaue Meer und schnorchelten zu zweit zum nahe gelegenen Riff, zirka zwei Minuten Schwimmzeit über tiefem Wasser ohne sichtbaren Meeresgrund. Vermutlich weil wir ganz allein waren, hatte ich in diesem Moment ständig Szenen aus dem Film „Der weiße Hai" vor Augen. Überall sah ich plötzlich große Fische, welche natürlich gar nicht da waren, doch wir zwei waren doch bestimmt ein gefundenes Fressen für so einen Hai. Wir schnorchelten herum und fanden nur kleine, hübsche Riffbewohner und die blauen Seesterne, ein Traum. Und Tatsache war: Kein einziger Hai und auch kein anderes gefährliches Tier war weit und breit zu sehen gewesen! Nur unsere Fantasie hatte diese Schnorcheltour so aufregend gemacht. Fröhlich und uns gegenseitig über Paddeltechniken belehrend kajakten wir zurück. Und erneut war es erstaunlich, dass wir es bei all unseren Diskussionen bis ans Ufer schafften.

Laut Wellenvorhersage sollte der nächste Tag wieder gut zum Surfen werden und wir freuten uns schon. Doch an diesem Morgen wachte Wolfi mit argem Durchfall auf. Es war tatsächlich erstaunlich, seinen körperlichen Verfall auf Fidschi zu beobachten. Wir hatten innerhalb weniger Tage von Rückenproblemen, über Fußbruch bis hin zu Magenproblemen alles erlebt. Die anderen Resortgäste hatten uns auch schon erzählt, dass sie Probleme hätten, und jetzt waren wir auch betroffen. Zum Glück waren wir mit unserer tollen Reiseapotheke ausgestattet. Mich erwischte es nämlich ebenfalls leicht, und an Surfen, Kajaken oder Schnorcheln war leider gar nicht mehr zu denken. Wir blieben immer in Toilettennähe und lasen im Schatten des Hotelpools unsere Bücher. Wir hatten einen Surftag versäumt und am nächsten Tag war bereits die geplante Abreise. Zum Glück ging es uns schnell besser und noch am gleichen Abend packten wir unsere Sachen, wobei wir gleichzeitig ein wenig traurig waren. Zwar freuten wir uns auf das nächste Ziel, die Abreise kam jedoch einfach zu plötzlich für uns, weil wir hier so nette Leute kennen gelernt und so viel Spaß gehabt hatten.

## Über Taveuni nach Qamea

Nach dem Frühstück brachte uns ein Taxi nach Suva, Fidschis Hauptstadt mit nationalem Flughafen. Wir hatten schon gehört, dass es sich hierbei um einen kleinen Flughafen handeln sollte, aber bei unserer Ankunft waren wir doch sehr überrascht. Die Schalterhalle hatte genau zwei Angestellte, und sobald das Gepäck abgewogen war, gaben es diese durch ein Loch in der Wand nach hinten weiter. Förderbänder gab es hier natürlich keine mehr. Hinter dem Flughafengebäude stand ein Arbeiter und übernahm das Gepäck durch das Loch in der Wand. Wenn es Unklarheiten gab, riefen die Angestellten einfach durch jenes Loch oder stiegen auch schon einmal hindurch und nach hinten auf das Rollfeld hinaus. Wir lachten über die Szenen, aber nur anfangs, denn dann begannen die üblichen Schwierigkeiten beim Einchecken.

Zwar passte dieses Mal mein Ticket, jetzt hieß ich einfach Osterreicher ohne Ö, doch reichte ein kurzer Blick auf unser Surfgepäck und die Dame vom

Schalter meinte, dieses würde nicht in den Flieger passen! Mich traf fast der Schlag. Fidschi Airways versuchte doch tatsächlich, mich bei jedem einzelnen Flug in den Wahnsinn zu treiben! Wir zeigten der Dame also eine E-Mail vom Kundenservice, in welchem uns bereits vor Monaten haargenau bestätigt wurde, wie groß und schwer das Surfgepäck sein durfte und wie viel wir für das Übergepäck zu bezahlen hätten. Als Nächstes kam einer der Rollfeldarbeiter durch das Loch und meinte, der Boardbag würde nicht in das Flugzeug passen, er müsse ihn aufmachen und die Boards einzeln einräumen. Schließlich machte er das auch so und warf die Hülle einfach auf die Bretter. Einerseits waren wir dankbar, dass wir die Reise überhaupt fortsetzen konnten, andererseits bereitete es uns förmlich körperliche Schmerzen, zusehen zu müssen, wie er acht- und lieblos ein Board nach dem anderen durch die Luke zwängte. Wir packen jedes unserer Bretter immer einzeln und sorgfältigst mit Luftpolsterfolie umwickelt ein. Surfboards sind nämlich sehr empfindlich und können sofort kleine Löcher bekommen, aber darauf wurde bei diesem Flug keine Rücksicht genommen. Als wir das Flugzeug letztendlich sahen, wurde uns auch klar, warum es so viele Probleme gegeben hatte, denn es war tatsächlich sehr klein und hatte nur sieben Sitzreihen für 21 Personen! Ich nahm sofort meine Tabletten gegen Reisekrankheit, denn das war ein wirklich guter Moment, um ihre Wirkung zu testen. Zum Glück hatten wir uns auch von den Magenproblemen erholt, denn in der nächsten Stunde würde es auch keine Toilette geben! Ich war aufgeregt, ein neuer Stopp und alles schien gut zu gehen.

Unsere zwei Piloten kamen und kontrollierten die Propeller, dann durften auch wir Fluggäste einsteigen. Kaum hatten wir Platz genommen, gesellte sich extreme Platzangst zu meinen sonstigen Befindlichkeiten, denn der Insulaner, welcher vor mir saß, hatte mindestens 120 Kilo Lebendgewicht! Er lehnte sich zurück und mein Fußraum war augenblicklich praktisch verschwunden. Nur der Himmel weiß warum, doch zum Glück entschied er sich gleich für einen anderen Platz weiter vorne und setzte sich um. Nachdem ich wieder Blut in meinen Beinen hatte, war meine Flugtaktik: Einfach stur geradeaus schauen, denn schwankender Himmel oder Untergrund könnte eventuell Übelkeit auslösen. Beim Startvorgang konnten wir beobachten, wie die Piloten gemeinsam den Hebel zum Abheben nach vorne drückten. Ein Pilotenazubi also, ganz fantastisch. Ich vertiefte mich augenblicklich in die Fidschi Airways Broschüre und fand heraus, dass meine Taktik gut funktionierte. So landeten wir eine Stunde später problemlos in Taveuni, der drittgrößten Insel der Fidschi-Gruppe. Später erklärte mir mein Bruder dass kein Grund zur Sorge bestanden hätte – denn bei kleinen Maschinen würden die Piloten immer gemeinsam starten.

Der Flughafen auf Taveuni bestand nur mehr aus einem Rollfeld und einem kleinen Häuschen. Kaum waren wir über die Asphaltpiste dorthin gegangen, befanden wir uns auch schon außerhalb des Flughafens, nur getrennt durch eine einzige Gittertür. Wir bekamen die Einzelteile unseres Surfgepäcks präsentiert und mussten alles neu einpacken. Natürlich waren die Flughafenmitarbeiter auch beim Ausräumen des Gepäckraumes nicht vorsichtig und schon hatte Wolfi ein Loch in seinem neuen Surfboard. Wir konnten dabei erneut nur kopfschüttelnd zusehen und die Einzelteile übernehmen. Als Wolfi unseren Surfbag öffnete, saß ein kleiner Frosch darin! Alle Anwesenden starrten einfach nur in die Tasche und anschließend dem Frosch hinterher, welcher sofort davon sprang. Der blinde Passagier musste bereits im Waidroka Ressort oder am Flughafen in Suva hineingesprungen sein. Taveuni hatte somit einen neuen Einwohner. Wir mussten lachen, denn so waren auch schon die Kaninchen in Australien zur Plage geworden. Hoffentlich war unser Frosch hier bereits vor unserer Ankunft heimisch gewesen. Später erzählten uns die Mitarbeiter vom nächsten Ressort, dass es hier genug Frösche geben würde. Wir waren erleichtert, aber anscheinend waren genau so die amerikanischen Leguane zur Plage in Fidschi geworden. Ein Tier dürfte vor einiger Zeit aus einem Terrarium entkommen sein und hatte ideale Lebensbedingungen vorgefunden. Sie legten hier überall viele Eier und eroberten gerade alle Inseln. Die Regierung gab anscheinend viel Geld aus, um sie los zu werden, und die Bevölkerung war aufgerufen worden, sie zu töten und die Gelege zu vernichten. Zum Glück hatten wir keine Schuld an einer neuen Invasion.

Am Flughafen von Taveuni wurden wir von Mitarbeitern unseres nächsten Stopps empfangen. Wir wollten nämlich auf eine Nachbarinsel namens Qamea, zum Maqai Beach Eco Ressort. Zuerst fuhren wir zirka eine halbe Stunde über Taveuni, die so genannte Garteninsel, großteils auf schlechten Straßen, aber mit dichtem Grün bewachsen. Dann wechselten wir auf ein kleines Boot – Abenteuer-Feeling pur. Die Bootsfahrt verlief problemlos, und Wolfi war stolz, dass ich eine so abenteuerliche Tour für uns geplant hatte. Ich war auch froh, dass wir heil angekommen waren. Das Flugzeug war wirklich klein gewesen, und wenn ich davon vorab gewusst hätte, wäre dieser Stopp eher nicht gebucht worden. Die Aussicht auf den Rückflug zurück nach Nadi erfüllte mich allerdings mit gewisser Sorge. Würden wir unser Surfgepäck nochmals transportieren können? Wäre das Wetter gut oder würden wir eine Stunde durchgeschüttelt werden?

Wir sahen das neue Ressort bereits vom Wasser aus, doch wegen der Ebbe konnten wir mit dem Boot nicht anlegen, sondern mussten mit unserem Gepäck durch knietiefes Wasser zum Ufer waten. Der Empfang in dem sehr kleinen Eco Ressort war herzlich und wir lernten noch beim gemeinsamen Abendessen eine australische Familie kennen, welche aber gleich am nächsten Tag frühmorgens abreisen würde. Unglaublich, denn danach würden wir die einzigen Gäste sein! Wir nahmen noch an einer gemütlichen Kava-Zeremonie teil, tranken einen Becher braune Brühe und hofften, unsere Mägen würden uns das nach den Problemen auf der letzten Insel verzeihen. Während des gemütlichen Umtrunks wurden wir nach unserer Herkunft gefragt und waren einigermaßen erstaunt, dass hier jeder Österreich kannte. Der Grund hierfür war, dass der österreichische Red Bull Eigentümer Dietrich Mateschitz gleich in der Nähe eine Insel besaß und dort eines der zwei einzigen 7-Stern Ressorts weltweit errichtet hatte. Die Familien von Qamea hatten ihn vor einiger Zeit zu sich eingeladen, um Spenden für die hiesige Schule zu sammeln. Herr Mateschitz kam tatsächlich und spendete 100.000 Dollar. Als wir das hörten, waren wir sehr stolz auf ihn!

Unser Ressort hingegen war Lichtjahre von jeglichem Luxusstern entfernt. Wir hatten ein einfaches Öko-Ressort ohne Warmwasser gebucht. Tagsüber gab es Solaranlagen und man versuchte damit, abends Licht zu machen, was an bewölkten Tagen jedoch schwierig war. Zusätzlich gab es noch einen lauten Dieselgenerator, und wenn abends das Licht ausfiel, wurde dieser angeworfen. Das war eigentlich überhaupt nicht Öko und stellte anscheinend in der ganzen Südsee ein großes Problem dar. Wir vereinbarten einfach, dass es nach 22 Uhr kein Licht mehr geben würde und gingen alle schlafen. Wir hatten eine kleine Strandhütte bezogen, und ich wachte jede Nacht auf, denn die Wellen und das Meer waren so laut, dass ich dachte, unsere Hütte stünde unter Wasser. Unser Ressort war ein echter Familienbetrieb: die Köchin war die Schwester der Empfangsdame, ihr Bruder war der Kapitän des kleinen Holzbootes, der Neffe unser Aktivitäten-Guide. Alle waren aus einem kleinen Dorf von der anderen Inselseite. Man brauchte allerdings ein Boot, um dorthin zu gelangen, denn Straßen gab es auf Qamea keine. Wir fühlten uns sofort wohl und freuten uns auf die nächsten Tage. Leider fing es, genau wie auf der letzten Insel Viti Levu, gleich in der ersten Nacht stark zu regnen an. Wir hatten ein bewölktes Frühstück zu zweit, da keine anderen Gäste auf der Insel waren, und beobachteten den neuen Surfspot vom Strand aus. Im Paradies war es wie schon zuvor überhaupt nicht heiß und auch nicht tropisch, sondern eher stürmisch. Mit einem Fernglas konnte man die Wellen vom Frühstückstisch aus gut sehen. Die Bootsfahrten würden hier nur fünf Minuten dauern. Gleich morgens läutete auch das Telefon an der Rezeption, und es war tatsächlich das 7-Sterne-Resort, welches sich nach den Wellen erkundigte. Wolfi befand, dass es draußen gut aussah, und wir begannen unseren ersten Surfausflug vorzubereiten. Solo war ein neuer Mitarbeiter hier im Ressort und wollte uns begleiten. Kurz bevor wir losfuhren, tauchte draußen auch schon das andere Boot vom 7-Sterne-Resort auf. Boot ist hier tatsächlich das falsche Wort, es war schon eher ein Luxusliner mit Kajüte. Schon von Weitem war es beeindruckend anzuschauen, und es hatte sogar einen Jetski dabei! Wir fuhren ebenfalls hinaus, banden unsere kleine Nussschale an diesem wirklich eindrucksvollen Boot fest und sprangen ins Wasser. Zwei australische Surfer waren mit der Yacht gekommen und wir kamen gleich ins Gespräch. Ihre Oma hatte zum 80. Geburtstag die gesamte Familie für eine Woche in dieses übertrieben luxuriöse Ressort geladen. Die Nacht kostete zirka 5.000 Euro pro Person und die beiden konnten selbst nicht glauben, was sich dort abspielte. Auf der Insel mit eigener Landebahn war Platz für 400 Gäste. Die Insel selbst konnte völlig autark betrieben werden, mit eigenem Gemüseanbau, Tierhaltung und Flughafen. Die Australier waren momentan jedoch die einzigen Gäste, mit fünf Restaurants zur Auswahl. Natürlich hatten sie zum Surfen auch einen Jetski dabei, bei dem Preis war das wohl selbstverständlich! Es war wirklich übertrieben, denn Jetskis hatten normalerweise wirklich nur Profis zur Verfügung! Selbstverständlich wurden die beiden hier wie echte Profis nach dem Surfen einer Welle mit dem Jetski abgeholt. Nach ein paar Wellen war klar, dass auch wir mitfahren durften. Bequemer geht es beim Surfen nun wirklich nicht mehr und so etwas wird uns vermutlich auch nie wieder passieren. Wolfi und ich hatten sehr viel Spaß an diesem Tag, die Situation war einfach so irreal. Noch dazu hatte Wolfi kurz vor unserer Abreise ein Vorstellungsgespräch bei der Firma Red

Bull gehabt, war jedoch abgelehnt worden. Wir lachten mit den Australiern darüber frei nach dem Motto: Wenn Wolfi nicht für euch arbeiten darf, dann fliegen wir um die halbe Welt und benutzen in der Südsee euren Jetski. Ich war neugierig, was ein 7-Sterne-Resort zu bieten hat, und bat die zwei Australier, mir alles genau zu beschreiben. Sie meinten: „Everything is perfect. (Alles ist perfekt)." Das war mir jedoch zu wenig Information, also fragte ich erneut nach und daraufhin meinten sie einfach: „We have a submarine (Wir haben ein U-Boot)!" Es war unglaublich. Diese Surfsession war wirklich etwas Besonderes. Die Wellen waren zwischendurch immer wieder größer, und als ich einmal unter einer Welle durchtauchte, sah es genau wie in einem Surfvideo aus. Unter mir erblickte ich das Korallenriff, Fische und blaues Wasser, über mir eine einzige Wasserwalze. Es war einfach wunderschön. Ich blieb die ganze Zeit über vorsichtig, wusste ich doch, dass man sich mit Stürzen auf das Korallenriff tiefe Schnitte zuziehen konnte. Umso unglaublicher war Solo, unser Surfguide, der mit seinem großen Board gleich anfangs zu den Australiern und Wolfi rüber paddelte. Dort wurde er dann, meiner Meinung nach, überraschend oft von den Wellen mitgerissen. Er surfte keine einzige Welle und ich fing an, mir Sorgen zu machen. Andererseits wirkte er fit und ich konnte sehen, dass er sich im Wasser wohl fühlte. Er hatte mir auch schon vor unserer Abfahrt erzählt, dass er die Wellen hier am Riff noch nie gesurft hatte. Ich fand ihn an diesem Tag wirklich mutig, denn Riffsurfen ist gar nicht so einfach. Als wir nach zwei Stunden zurück ins Boot sprangen, hatte er rot unterlaufene Augen, war ziemlich erschöpft und begeistert. Tatsächlich hatten wir ihn aber auch mehr unter als über dem Wasser gesehen, und wir fragten nach, wie ihm das Surfen gefallen hätte. Daraufhin erzählte er uns, dass wir ihn vor der Abfahrt falsch verstanden hätten: Nicht nur, dass er noch nie hier heraußen gesurft war, er war überhaupt noch nie gesurft! Das war sein Erstversuch gewesen! Unglaublich. Das erklärte auch, warum er mitsamt seinem Board immer so mitgerissen worden war.

Zum Glück hatte ihn der Jetski der reichen Australier immer wieder abgeholt. Ben, unser Bootskapitän, meinte nur, er hätte die ganze Zeit über gelacht, weil Solo immer wieder hunderte Meter weit von uns weggespült worden war! Dieser Mann hatte offensichtlich Lungen wie ein Fisch. Wir waren sehr beeindruckt und später erzählte er uns, dass er tatsächlich viel speerfischen und schwimmen gehen würde.

An diesem Nachmittag lagen wir in der Hängematte, gingen am Strand spazieren und waren einfach glücklich, während Solo sofort nach unserer Rückkehr schlafen ging. Die Stimmung war bei uns allen gut und die Familie freute sich, dass wir Solo mitgenommen hatten. Was für ein wunderbares Leben! Irgendwann rief uns meine Lieblingsköchin Angela zum Essen und wir kriegten leckeren Fisch und unglaublichen Schokokuchen serviert. Die Frau kochte wie eine Göttin und das nur für die Crew und uns. Mit unseren Büchern kuschelten wir uns ins Bett, bis das Licht ausging und wir sofort einschliefen. Kein Wunder bei dem tollen Ressort, Essen und Surf. Während der Nacht wurden wir natürlich wieder vom Regen und der lauten Meeresbrandung geweckt. Unser Bungalow befand sich so nahe am Wasser, ich hätte schwören können, wir waren schon ‚Land unter'! Davor waren wir auch schon gewarnt worden, als wir vor ein paar Jahren die Malediven gebucht hatten: Bloß keinen teuren Wasserbungalow mieten, das Meeresrauschen ist viel zu laut.

Der nächste Morgen begann wieder einmal bewölkt. Doch hier konnte sich das Wetter jederzeit ändern und wir blieben optimistisch. Allerdings, wie sagt man so schön: Optimismus ist immer ein Mangel an Information, und es blieb eher kühl und bedeckt. Wir warteten noch auf einen weiteren Tagesgast aus Taveuni und fuhren gemeinsam mit Solo und ihm erneut hinaus zum Surfspot. Leider sah es schon von Weitem ganz anders aus als tags zuvor, und wir hatten dieses Mal weder tolle Bedingungen noch einen Jetski. Die Strömung zog uns gleich zu Beginn Richtung Riff, das Wetter wurde schlecht und der Wind wehte stark. Irgendwann reichte es mir und während die Jungs um Wellen kämpften, paddelte ich zum Boot zurück. Richtig gelesen, freiwillig blieb ich dort ganze eineinhalb Stunden sitzen und unterhielt mich mit Ben, unserem Kapitän. Selbst als ich fror, weil es so heftig regnete und die Jungs nicht zurück kamen, wurde mir nicht übel und ich wollte auch nicht zurück ins Wasser. Solo hatte heute ebenfalls kein Wellenglück, und später – zurück an Land –fiel mir auch auf, dass er leicht hinkte. Er erzählte, dass er sich vor ein paar Tagen die kleine Zehe am Riff aufgeschlagen hatte, als er half, das Boot zu vertauen. Das war eine nette Beschreibung und weit weg davon, was wirklich passiert war. Denn genauer gesagt, war seine kleine Zehe zwischen Boot und Riff eingeklemmt worden, als eine Welle das Boot hochhob und dieses anschließend wieder runter kam! Ich warf einen Blick darauf und rief gleich nach Wolfi, dem Verwalter unserer Reiseapotheke. Es sah schlimm aus, ein tiefer Schnitt um die halbe

Zehe wo die Haut wie bei einer Wurst geplatzt war. Vermutlich hätte das Ganze genäht werden müssen. Wolfi machte daher gleich sterile Verbände so gut es ging, denn Infektionen können in den Tropen nämlich wirklich gefährlich werden. Ich hingegen konnte kaum hinsehen, die Verletzung war nichts für schwache Nerven.

Im Laufe des gleichen Tages wurde es immer kälter und windiger und gegen Abend sogar so ungemütlich, dass unser Kapitän Ben zum Abendessen mit Haube kam. Und das mitten in der Südsee! Angela servierte uns unglaubliches Beef Curry mit Dahlsuppe. Wir konnten kaum alles essen, da brachte sie auch schon den vermutlich besten Kokoskuchen der Welt. Wir waren zu zweit im Resort und sie buk jeden Tag einen Kuchen für uns. Klar mussten wir ihn essen. Wir aßen wirklich zuviel und gemeinsam stellten wir fest, dass Angela eine der besten Köchinnen war, welche wir bisher weltweit erlebt hatten! Nach dem Essen, welches wir nicht genug loben konnten, machten wir es uns mit der Crew gemütlich. Alle tranken Kava, doch wir redeten uns auf unseren europäischen Mägen aus und reichten den Becher weiter.

An diesem kühlen Abend erzählte uns Ben unglaubliche Geschichten aus seinen 25 Jahren Taucherfahrung auf Fidschi. Natürliche fragte ich nach dem größten Hai, welchen er jemals gesehen hätte, und er antwortete: „A 25 foot hammerhead shark (Ein 25 Fuß großer Hammerhai)." 25 Fuß! Zur besseren Vorstellung: Mein Surfboard ist 6,4 Fuß lang! Dann erzählte er uns auch noch, dass hier jedes Jahr Wale vorbeiziehen würden, um sich in Tonga zu paaren. Man kann sie laut und deutlich auch auf große Distanz unter Wasser hören und in Tonga dürfen zu dieser Zeit keine Boote aufs Meer fahren, weil die Wale aus dem Wasser springen und sie gefährlich werden könnten. Wir erzählten im Gegenzug ganz fasziniert von unserem halben Meter großen Kraken, welchen wir auf Viti Levu gesehen hatten, doch er fing bei der Größe gleich zu lachen an. Dann erzählte er uns, dass sich hier auf einer kleinen Insel die Bewohner an einer bestimmten Stelle nicht fischen trauten, weil sie behaupten, dort würde ein Riesenkrake leben. Ben und sein Tauchfreund entschlossen, eines Tages dort hinunter zu tauchen, um zu sehen, ob die Geschichte wahr wäre. In 21 Metern Tiefe fanden sie tatsächlich eine beeindruckende Höhle und davor riesengroße Muschelreste, welche Kraken gerne aßen. Wir hatten schon im letzten Ressort gelernt: Krabbenreste und Muscheln vor Höhlen sind ein sicheres Anzeichen dafür, dass dort ein Krake wohnt. Für Ben und seinen Freund waren das genügend Indizien, und sie tauchten fluchtartig auf, um den Einwohnern zu bestätigen, dass dort unten tatsächlich ein Riesenkrake wäre.

So verging der Abend, die Geschichten waren wunderbar und wir fielen müde ins Bett, noch immer die einzigen Gäste und mit Angelas Essen verwöhnt, einfach ein Traum! Nachts weckte uns der intensive Wind immer wieder auf, und morgens um fünf Uhr riss uns der heftige Regen, welcher aufs Dach prasselte, nochmals aus dem Schlaf. Beim Frühstück erzählten uns die Mitarbeiter dass sie ebenfalls munter geworden waren, und dass genau so, nur noch ein wenig heftiger, die Zyklone von November bis April das Gebiet heimsuchen würden. Leider konnten wir bei dem Wind auch nicht surfen gehen. Wir warteten den ganzen Tag auf Wetterbesserung und vertrieben uns die Zeit mit lesen. Mittags kochte die wunderbare Angela nochmals unglaublich gut für uns, danach wurde die halbe Ressortmannschaft ausgetauscht. Unsere Angela war ebenfalls dabei! Eine der besten Köchinnen weltweit verließ uns völlig überraschend, ich war schockiert! Spaßeshalber beschwerte ich mich darüber im Office bei Eleonora, welche natürlich die Schwester von Angela war. Und Ben, dem Kapitän, schärfte ich ein: Sollte das Boot sinken, müsse er vor allem Angela retten! Wir lachten alle und verabschiedeten uns herzlich. Nachdem sie mit dem Boot weg gefahren waren, blieben wir nur noch zu dritt im Ressort übrig. John, unser Aktivitäten-Guide, hatte dann eine tolle Idee: Wir gingen gemeinsam Kokosnüsse ernten. Er kletterte auf die Palme hinauf und holte verschiedene, junge und alte Nüsse herunter. Wir kosteten uns durch und letzten Endes öffnete er für uns sogar eine Kokospalme, wie ich sie in Österreich schon als Zimmerpflanze gehabt hatte. Wir lernten an diesem Tag, dass man selbst diesen großen Kern, obwohl schon ein neues Blatt herauswuchs, noch essen konnte. Mit den Palmblättern flochten wir uns noch Stirnbänder, was wohl jeder tun würde, wenn er alleine auf einer einsamen Insel wäre, und dann fanden wir auch noch einen Papaya-Baum, welchen der Sturm letzte Nacht umgerissen hatte, und hackten ihn mit Macheten klein. Hoffentlich würde das Wetter besser werden, denn bis zum Abend hatten wir noch immer tropischen Starkwind und sprangen wie verrückt mit geflochtenen Stirnbändern auf der Insel herum.

Später trafen wir dann auch noch auf Einwohner aus dem entlegenen Dorf, welche im knietiefen Wasser nach Seegurken suchten. Zum Glück hatten wir da unsere Stirnbänder schon wieder abgelegt. Wir fragten, ob sie diese essen würden, aber sie lachten nur, weil diese Idee für sie völlig absurd war. Aber sie erzählten sie uns, dass Chinesen hierher kommen und viel Geld für Seegurken zahlen würden. Diese würden gekocht, getrocknet und nach China oder Japan geschifft werden. Ziemlich abschätzig sagten die Insulaner: „Chinese people eat everything (Chinesen essen Alles)." Unsere neue Köchin erzählte uns später, dass die Chinesen im Dorf sogar nach Katzen gefragt hätten. Sie bräuchten diese zum Essen und würden nur lebende kaufen. Die Einwohner von Qamea würden ihre paar Katzen jedoch nie hergeben, wurde uns gesagt.

Vor einigen Jahren erlebten Wolfi und ich in Ecuador Ähnliches: Die Fischer hatten eines Morgens mindestens 20 Baby-Hammerhaie an den Strand gebracht. Sie meinten, sie würden die Finnen für gutes Geld nach China verkaufen: Haifischflossensuppe.

Die neue Mannschaft, welche abends anreiste, hatte auch zwei neue Gäste mitgebracht. Australier, welche in der Stadt Suva auf Viti Levu arbeiteten und sich hier entspannen wollten. Mit den beiden kam auch endlich wieder besseres Wetter! Die Nacht über blies zwar noch so stürmischer Wind, teilweise mit Regen, dass sogar die Haken der Dachplane aus dem Boden gerissen wurden. Morgens jedoch lockerten die Wolken auf und wir hatten ein sonniges Pancake-Frühstück. Rosie, die neue Köchin, gab sich wirklich Mühe und Fidschi zeigte sich von seiner sonnigsten und besten Seite.

Gleich frühmorgens entdeckten wir eine leuchtend orange Taube in den Bäumen. An diesem Tag sahen wir auch zum ersten Mal die großen, rotgrünen Papageien, welche wir bisher immer nur lautstark im Dschungel gehört hatten. Überzeugt, dass es nun endlich ein regenfreier Tag werden würde, brachen wir vormittags mit unserem Guide John zum Jungle Walk auf. Dieser führte auf den

Berg hinter dem Ressort durch dichten Wald. Wir fanden kleine Eidechsen mit blitzblauen Schwänzen und eine Falle für wilde Schweine oder Hühner. Sie funktionierte sogar, zum Glück war niemand hinein gestiegen. Der Ausblick auf die Insel und das Riff war wunderschön, und am Rückweg fanden wir auch noch eine Frucht, welche John nicht kannte. Wir zeigten sie Rosie, doch sie kannte diese ebenfalls nicht. Somit wurde sie nach dem Entdecker benannt und wir hatten eine „Wulfi-Fruit" (Wolfi Frucht). Später erkannte sie ein anderer Resort-Mitarbeiter zwar, wusste aber den englischen Namen nicht. Wir blieben also bei Wulfi-Fruit.

Nach dem Mittagessen an diesem Tag waren wir uns einig: Wir vermissten die Köchin Angela. Rosies Essen war gut, aber Angelas unglaublich. Das Wetter blieb schön, und wir beschlossen, zu viert mit John im Kajak schnorcheln zu gehen. Keine hundert Meter vom Ressort entfernt, fiel das Riff steil ab, und die Unterwasserwelt war atemberaubend schön. Wir sahen ein intakteres Riff, als damals auf den Malediven, und eine große Zahl an unterschiedlichsten Fischen. Leider keine Haie und auch keine Schildkröten. Wir blieben lange genug im gar nicht so warmen Wasser, um beeindruckt zu sein. Zum Glück hatten wir noch ein paar Tage hier zur Verfügung, denn wir wollten noch mehr schnorcheln und surfen!

Die Australier verließen uns bereits nach drei tollen, gemeinsamen Tagen wieder. Bevor sie fuhren, stellten sich jedoch noch alle fünf Ressort-Mitarbeiter vor ihnen auf, spielten Gitarre und sangen mit tropischen Blumen im Haar ein Abschiedslied. Das war so nett, ich hätte am liebsten geheult vor lauter Rührung.

Wir wollten diesen sonnigen Nachmittag sofort wieder zum Schnorcheln nutzen, doch nach nur kurzer Zeit im Wasser kamen plötzlich überraschend starke Wellen auf und an Unterwassersport war nicht mehr zu denken. Dabei war Wolfi gerade weiter draußen am Riff gewesen und hatte seinen ersten Kugelfisch gesehen. Wir verließen das Wasser, und Wolfi stellte auch noch fest, dass er bei solchen Wellen nicht schnorcheln könnte, weil ihm schlecht werden würde. Gestern hatte sich das Meer auch bewegt und er hatte Ähnliches erzählt. Wir mussten lachen, weil wir einfach zwei absolute Binnenstaatler waren! Die Wellen waren aber gar nicht so klein und Wolfi beschloss daher, Solo eine Surfstunde zu geben. Gemeinsam paddelten sie zum kleinen Riff, und das Meer hatte heute erstmalig tatsächlich genug Kraft, um Solo bis zum Strand zu tragen. Somit konnte er zum ersten Mal am Board aufstehen. Alle Mitarbeiter des Ressorts standen am Ufer und jubelten ihm zu, es war herrlich. Ich fotografierte und war ganz gerührt, dass ich diese gute Stimmung und wahre Freude miterleben durfte.

An diesem Abend kamen nochmals drei neue Gäste an: ein neuseeländisches Pärchen und ein alleinreisender Australier. Spannenderweise waren sie alle über fünfzig Jahre alt, und wir ergaben eine interessante Mischung. Die Männer waren zum Surfen hier, aber bei dem Wind konnten wir leider nicht raus fahren. Wolfi und ich beschlossen, einen Ausflug zu den berühmten Wasserfällen auf Taveuni zu machen. Nach dem Frühstück fuhren wir also mit dem Boot zurück zur Insel, wo wir vor Tagen mit dem kleinen Flugzeug gelandet waren. John und Solo begleiteten uns auf diese Tour. Auf der Insel angekommen, stiegen wir auf ein Taxi um und fuhren auf einer Schotterpiste, welche offensichtlich die Hauptstraße war, vor uns hin. Bereits zehn Minuten vor dem Nationalpark mussten wir aussteigen – die Brücke war beschädigt und Autos konnten sie nicht mehr benutzen. Wir wanderten daher zu Fuß weiter, was ziemlich lustig aussah, weil die beiden Jungs pflichtbewusst ihre Ressort-Bekleidung und unser Mittagessen in Tupperware-Geschirr trugen. Wir trafen unterwegs ein paar andere Touristen und mussten wegen unseres Auftritts wohl sehr exklusiv gewirkt haben – denn während die anderen Kekse aßen, packte John für uns Hähnchen, Kartoffeln und Krautsalat aus! Rosie sei Dank.

Die Wasserfälle auf Taveuni sind wunderschön und bestehen aus drei verschiedenen Stufen, welche man gut abwandern kann. Beim zweiten mussten wir über nasse Steine balancieren, und mir war klar, dass diese sicher rutschig sein würden. Natürlich meinte Wolfi locker von einem Stein zum nächsten springen zu müssen, mit vollem Rucksack inklusive meinem teuren, zweiten Kameraobjektiv. Vermutlich überrascht es nun niemanden, wenn ich erzähle, dass er schon im nächsten Moment ausgerutscht war! Beim bloßen Hinschauen traf mich schon beinahe der Schlag. Er konnte sich gerade noch selbst abfangen, um Schlimmeres zu verhindern und nicht nass zu werden. Solo fragte sofort, ob er sich verletzt hätte, ich nur nach dem Objektiv. Wolfi verneinte und vermied sofort jeden Augenkontakt mit mir. Er wusste: Hätte er sich bei so einer blöden Aktion verletzt, würde ich ihm auch nochmals extra aufs Bein steigen! Natürlich musste ich mich dementsprechend aufregen, und die Jungs verdrehten alle drei die Augen und lachten. Typisch, da gab es also international kaum Unterschiede. Wir wanderten weiter die Wasserfälle ab und bei der letzten Stufe flossen drei Wasserfälle in ein Becken zusammen. Ein fantastischer Ort, und dort blieben wir, um zu essen und zu schwimmen. Die Jungs kletterten auf die Felsen und sprangen ins Becken. Wir lachten viel und machten Fotos. Das Wasser war erfrischend kühl, also blieben wir nicht länger als eine halbe Stunde drinnen. Als wir zusammenpackten, sah ich plötzlich, wie sich die Fidschi-Jungs, John und Solo, Arme und Beine eincremten. Mitten im Wald, praktisch während der Wanderung. Auf mein Nachfragen hin wurde mir erklärt, dass sie eine große Packung Bodylotion mit herauf geschleppt hätten, denn Wasser würde ihnen die Haut austrocknen! Alles klar, und natürlich machten wir den ganzen weiteren Tag Scherze mit ihnen, ganz nach dem Motto: Warum kein Day Spa beim Wasserfall, inklusive Massage, Schlammpackung und Pediküre eröffnen? Wir waren keine halbe Stunde im Wasser gewesen und sie fingen sofort mit Körperpflege an. Es war wirklich schwer, keine Scherze zu machen, und sie lachten mit. Mit Taxi und Boot ging es zurück zur Insel. Von Weitem konnte man schon sehen, dass die Welle am Riff draußen wieder nicht funktionierte. Somit blieben wir an Land und ich spielte mit einem der Jungs Tischtennis, während Wolfi mit den Neuseeländern Weißwein trank, welchen sie extra von daheim mitgebracht hatten. Ein weiterer netter Nachmittag auf dieser wunderschönen Reise.

Nur Wayne, der neue Australier, war extrem irritierend. Er hatte bereits am ersten Abend beim gemeinsamen Essen am Nachbartisch jede Menge von ihm vertriebener „Gesundheitsprodukte" aufgebaut, welche er laut seiner Aussage per Internet verkaufen würde. Primär brauchte er alle für sich, aber bald war klar, dass er uns diese auch gern verkauft hätte. Unter anderem hatte er ein elektronisches Massagegerät mit und fing an, alle Mitarbeiter und auch Wolfi zu massieren. Gleichzeitig ging es ihm, trotz der vielen Produkte, gesundheitlich gar nicht gut. Er hatte sich eine halbe Lungenentzündung auf dem Flug hierher eingefangen und behandelte sich mit allem Möglichen selbst. Den Mitarbeitern wollte er beibringen, wie sie ihre Körper in die richtige Schwingung versetzen konnten. Ich bin immer ein Fan davon, wenn sich jemand für etwas interessiert und man kann meiner Meinung nach nie genug wissen, aber teilweise waren sowohl die Mitarbeiter als auch wir bald überfordert und wussten gar nicht, was er jetzt schon wieder von uns wollte. Wir beschlossen daher, ihm aus dem Weg zu gehen – soweit das in einer Anlage mit fünf Bewohnern überhaupt möglich war.

Zum Glück waren wir an den nächsten zwei Abenden auch ausreichend abgelenkt. Dusche und Toiletten befanden sich nämlich bei dem von uns gebuchten Bungalow im Freien. Als ich mir abends dort die Zähne putzte, wurde ich plötzlich von einer riesigen, handtellergroßen Motte angeflogen! Sie flog orientierungslos immer und immer wieder gegen mich, bis ich die Flucht ergriff. Durchs Fenster beobachteten wir sie, bis sie sich selbst in der

Toilettenschüssel ertränkte. Faszinierend, dass diese Tiere noch nicht ausgestorben sind. Denn eigentlich hätte die Motte nur wegfliegen brauchen und sich nicht freiwillig in der Toilette ertränken müssen. „Problem gelöst", dachten wir, doch als ich später zum Waschbecken wollte, saß allen Ernstes eine weitere handtellergroße Motte am Duschvorhang. Ich wollte nicht nochmals dort hinausgehen, doch Wolfi war selbstsicher und motiviert. Jedoch nur so lange, bis er die Tür einen Spalt geöffnet hatte und sah, wie groß dieses Tier war. Unsere größte Angst war nämlich, dass es eine der Motten bis in unseren Bungalow schaffen würde, was genau nur wenige Augenblicke später passierte! Nur mit Mühe konnten wir, beziehungsweise Wolfi, das Ding wieder hinauskriegen, sie flog nämlich genau wie ihre Kollegin von der Toilette nur wirr durch die Gegend. Bis wir sie draußen hatten, schrie ich vor dem Bungalow und Wolfi drinnen wild herum. Wir entschlossen, in dieser Nacht die Strandtoilette zu benutzen und bloß nicht in die Nähe unseres Duschvorhangs zu gehen.

Am nächsten Tag waren wir eingeladen, das Dorf und die Schule der Ressort-Mitarbeiter auf der anderen Inselseite zu besuchen. Es war bereits morgens wirklich heiß. So musste es hier wohl im Sommer sein! Es wurde ein toller Ausflug. Wir fünf Gäste wanderten im Dorf herum und unterhielten uns in der Schule mit den Lehrern und Lehrerinnen. Als wir sagten, dass wir aus Österreich kämen, wollten sie gleich alles über Dietrich Mateschitz, den großen Spender, wissen. Wir sahen uns auch die Schulküche an. Die Mitarbeiter kochten gerade einheimische Blätter und rührten sie mit einem Bambusstab um. Eine Lehrerin erklärte uns, dass dies für viele Kinder aus den insgesamt drei Dörfern der Umgebung oft die einzige Mahlzeit am Tag wäre. Nicht jeder konnte sich Essen leisten. Umso peinlicher war Wayne, der Australier. Offensichtlich hatte er diesen Teil des Gesprächs überhört, denn er zog zwischendurch immer wieder seine Produkte aus der Tasche, ließ die Lehrer daran schnuppern und versprach, morgen mit weiteren Proben vorbei zu kommen. Wir waren wie immer irritiert, ich denke die Lehrer auch, sie nickten jedoch alle höflich und lächelten.

Die Schulkinder versuchten, in ihrer halbstündigen Pause eine Art Hochbeet zu bauen, und wir sahen auch dabei zu. Die Lehrerin erzählte uns, dass sie gemeinsam versuchen würden, Ackerbau zu betreiben, doch sobald kleine Pflänzchen sprießen würden, kämen nachts die Krabben und aßen alles, so wie bei uns die Schnecken. Die Kinder hatten dafür eine wirklich beeindruckende Lösung gefunden. Sie bauten sich mit Schnüren und Bambus ein Gestell und legten große Bambusstäbe darauf. Diese hatten sie aufgeschnitten und mit Erde angefüllt, so wie bei uns Blumenkistchen. Somit wurde der Boden nicht berührt. Klarerweise hatten die Kinder hierfür eine rostige Säge und auch eine große Machete zur Verfügung. Würde man das einem Kind in Österreich geben, wären die Finger vermutlich gleich einmal weg, und in Amerika würden es diese Gegenstände nie durch den Metalldetektor schaffen. Hier war die Machete ein wichtiger Alltagsgegenstand und wir waren erstaunt, wie geschickt die Kinder damit umgingen. Sie waren sicher noch keine 13 Jahre alt. Wir fanden im Dorf auch ein Plakat, auf welchem ausdrücklich erklärt wurde, dass der amerikanische Leguan ein Schädling ist, welchen man immer töten müsse, und ihn als Haustier zu halten, wäre strafbar. Spannend, jedes Land hat so seine eigenen Probleme.

Zurück im Ressort warteten wir die Flut ab und gingen mit den beiden Neuseeländern noch ein letztes Mal schnorcheln. Die Wellen funktionierten wegen Wind und Gezeiten wieder nicht, und somit war klar, dass wir in Fidschi nicht mehr surfen würden. Doch das Erlebnis mit dem Jetski hier war so einmalig gewesen, dass wir das Ganze sicher nicht so schnell vergessen würden. Auch das Schnorcheln hier war wunderbar gewesen. Das Riff war lebendig und die Fische bunt und vielfältig. Vielleicht hätten wir doch auch einen Schnorchelausflug zu den weiter weg gelegenen Riffen unternehmen sollen, denn Haie und Schildkröten hatten wir noch immer keine gesehen. Am späten Nachmittag spielten wir wieder Tischtennis, und schon wieder fing es stark zu regnen an. Zum Glück hatten wir zwischendurch ein paar schöne Tage mit den Neuseeländern gehabt.

An unserem Abreisetag packten wir wie gewohnt zusammen, verbrachten die letzte Zeit mit Sudoku-Rätseln und sahen einem Ressort-Mitarbeiter zu, wie er einen hier typischen Männerkorb aus Palmblättern flochte. Angeblich war dieser bis zu sieben Jahre haltbar. Wir waren beeindruckt, hatten wir doch vor ein paar Tagen gerade einmal Stirnbänder geschafft. Unsere Verabschiedung vom Maqai Beach Eco Resort hier war sehr herzlich. Alle Mitarbeiter stellten sich auf, spielten Gitarre und sangen für uns ein Abschiedslied. Zum Glück musste ich nicht weinen, aber nur weil ich mich schon so auf unsere nächsten Stopps freute. Doch die Neuseeländerin war ganz gerührt, es war wirklich schön.

Mit dem Boot fuhren wir wieder zurück nach Taveuni, zum vermutlich kleinsten Flughafen der Welt. Wir kamen sehr früh an und waren anfangs die einzigen Fluggäste – mit Absicht, weil wir als Erster unser Surfgepäck einchecken wollten. Drei Boards sind eine große Menge für ein kleines Flugzeug, und zuerst meinte der Fidschi-Airways-Mitarbeiter, er hätte keinen Platz dafür. Wir wussten ja bereits, dass mich diese Fluglinie zum wiederholten Male in den Wahnsinn treiben wollte. Also zeigten wir ihm das Bestätigungs-E-Mail mit der Reservierung und erklärten ihm zusätzlich, dass er die Boards auspacken dürfe. Problemlos brachten die Mitarbeiter letzten Endes alles unter. Was mich persönlich doch wirklich wunderte, denn von den 21 Sitzplätzen waren nur drei frei geblieben. Die anderen Touristen schleppten Koffer und Taschen aus den Autos heran – man war versucht zu meinen, dass diese monatelang hier auf Urlaub gewesen waren! Kein Mensch braucht meiner Meinung nach so viele Sachen, außer wenn er surfen geht. Ich nahm brav meine Reisetabletten und

Kaugummis und dieses Mal verlief der Flug noch viel besser als beim letzten Mal. Sobald der Flieger schaukelte, blickte ich auf mein Sudoku-Heft, und ansonsten bestaunte ich die leuchtendblauen Atolle rund um die unzähligen kleinen Inseln. Es war ein wunderschöner Anblick, nur leider verschlief Wolfi beinahe den ganzen Flug!

Wir mussten eine Nacht auf Viti Levu verbringen und hatten das Mariott-Hotel in Nadi gebucht, schon alleine aus dem Grund, weil der Flughafentransfer dort inkludiert war.
Nicht einmal für Dinner und Frühstück verließen wir das Hotel. Ich war so müde, dass ich um 21 Uhr wie tot ins Bett fiel. Reisen ist doch auch immer anstrengend und wir wollten frisch geduscht, mit sauberer Kleidung sowie mit bester Stimmung Fidschi verlassen. Das gelang uns auch und Schuld daran hatte unser morgendlicher Taxifahrer. Der Mariott-Shuttlebus war morgens trotz intensiver Recherche durch das Hotelpersonal nicht auffindbar, und so wurde ein Taxi vom nahen Parkplatz

gerufen. Wieder einmal war der Fahrer ein Fidschi-Inder, wie schon zuletzt mit sensationellem Hindu-Akzent. Während der Fahrt erklärte er uns, dass Hotelfahrten zum Flughafen mit Vouchern bezahlt werden würden. Das bedeutete kein Geld für ihn, jedoch für seinen Chef. Wolfi war nett und erklärte ihm, dass wir den Shuttle bereits vor Monaten bestellt hatten und auch gestern nochmals unsere Abfahrtszeit bekannt gegeben hatten. So fuhren wir dahin, bis er auf dem Flughafengelände plötzlich laut zu überlegen begann: „Where is the Shuttle? Is he not working? I don´t saw him on the streets, I don´t see him now at the airport. Why do I have to do his work? (Wo ist der Shuttlebus? Arbeitet er nicht? Ich sah ihn nicht auf der Straße, ich sehe ihn nicht am Flughafen. Warum muss ich seine Arbeit machen?)." Es war wirklich sensationell und wir mussten lachen.

# HAWAII

# Oahu

Glücklich flogen wir unserem nächsten Ziel entgegen: Oahu. Von Fidschi war es nicht weit zur ersten von 8 hawaiianischen Inseln. Wir hatten uns vorab darauf geeinigt, zwei davon zu besuchen. Am Flughafen in Nadi brillierten wir wieder auf unsere gewohnte Weise, dieses Mal vielmehr nur ich. Als Erstes kauften wir uns in einem Elektronikgeschäft Stecker, damit wir unsere eigenen Kopfhörer in jedem Flugzeug weltweit nutzen würden können. Der Vorteil war klar, denn die Kopfhörer der verschiedenen Fluggesellschaften funktionierten oft nicht gut oder waren zu groß. Gesagt, getan, acht Euro investiert. Aber mein Stecker war bereits vor unserem Abflug nicht mehr auffindbar. Vermutlich war er mir im Wartebereich in Nadi aus der Tasche gerutscht, ich suchte wirklich überall danach. Davon abgelenkt, tranken wir als Nächstes unser ganzes Wasser aus. Sobald wir die leeren Flaschen entsorgt hatten, fiel uns natürlich ein, dass wir schon wieder auf unsere Thrombosetabletten vergessen hatten! Das gab es doch wirklich nicht! Die machten uns doch schon seit dem Abflug in Wien verrückt! Dieses Mal kriegte ich beinahe einen Wut-(Thrombose)anfall. Mit dem ersten Becher Wasser an Bord waren sie dann doch noch geschluckt, und die acht Stunden Flug nach Oahu schafften wir ebenfalls problemlos mit den Kopfhörern der Fluggesellschaft. Laut unserer Vorstellung würden wir uns entspannt zurücklehnen und Stunden später in Amerika landen, wäre da nicht der kleine Zwischenstopp in Samoa gewesen.

Auf diesem pazifischen Miniflughafen wurde Passagiersicherheit wirklich groß geschrieben. Alle Passagiere mussten aussteigen und in einen kleinen Transitraum gehen. Um Zutritt zu diesem Raum zu erhalten, wurde unser gesamtes Handgepäck gescannt und einige Personen inklusive Gepäck durchsucht. Das hatten wir natürlich auch schon keine zwei Stunden zuvor in Nadi gemacht, damit wir das Flugzeug überhaupt besteigen durften. Der Aufenthalt in dem geschlossenen Raum dauerte zirka

20 Minuten. Der Raum war wirklich klein und sehr übersichtlich. Kaum hatten wir uns also einen Platz gesucht, mussten wir uns auch schon wieder anstellen und unser Handgepäck wurde nochmals händisch durchsucht. Wäre es nicht so ärgerlich und langwierig gewesen, hätte man lachen müssen, denn das Flughafenpersonal vertraute anscheinend den eigenen Scan-Geräten nicht und durchsuchte uns tatsächlich nochmals per Hand. In der Zwischenzeit hätte ich doch schon den tollen Warteraum in die Luft sprengen können! Somit waren wir in drei Stunden drei Mal durchsucht worden, ohne jemals einen geschlossenen Raum verlassen zu haben. Man merkte einfach schon, dass wir uns den USA näherten.

Den restlichen Flug verschliefen wir, um in Hawaii, Honolulu, wieder aufzuwachen. Unser erster Gedanke am Flughafen war: KALT! Die Klimaanlage lief auf Hochtouren, gefühlte 15 Grad, und wir standen bei der Einwanderungsbehörde natürlich in der längsten Schlange. Während wir dort müde herumstanden, fiel uns plötzlich etwas ein, eigentlich unser einziger Planungsfehler in all den Monaten. Wir hatten unser Zimmer in Honolulu ab 27. Juli reserviert, das Datum stimmte zwar, doch bei unserer Ankunft war es zwei Uhr morgens! Und 24-Stunden-Checkin bedeutete nicht automatisch, dass unser Zimmer fertig sein würde. Etwas müde wegen der frühen Ankunftszeit dachten wir uns einfach: neues Land, neues Glück, fuhren mit einem netten Taxifahrer zum Hostel und kriegten unser Zimmer sofort. Erstaunlicherweise hatten wir im Mariott-Hotel in Nadi Zimmer Nummer 302 gehabt, und hier, in dieser kleinen Jugendherberge, kriegten wir ebenfalls Nummer 302. Das Zimmer war Semi-Private, das bedeutete, wir gingen durch den Schlafraum von zwei anderen Backpackern zu unserem privaten Schlafzimmer, Bad und Toilette teilten wir uns zu viert. Das war vielleicht ein Unterschied zu Fidschi, wo wir für kurze Zeit ein ganzes Ressort für uns allein gehabt hatten. Als wir einzogen, waren die zwei anderen offensichtlich Party machen und wir konnten in Ruhe auspacken und ankommen. Müde fielen wir in unsere Betten, diese waren natürlich getrennt, aber genau so bequem wie im Mariott. Morgens trafen wir dann unsere zwei Mitbewohner an, natürlich Jungs und sturzbetrunken. Einer der beiden erzählte uns später, dass sie sich bis gestern Abend gar nicht gekannt hatten, die gemeinsame Party jedoch so toll gewesen war, dass er heute Morgen seinen Weiterflug versäumt hatte!

Wir versuchten, am gemeinsamen Hostel-Frühstück teilzunehmen. Typisch amerikanisch gab es dort Toast mit Peanut-Butter oder Marmelade. Da wussten wir uns aber wirklich Besseres, also rein ins Strand-Outfit und schon spazierten wir los an einen der berühmtesten Strände der Welt – Waikiki! Wir waren tatsächlich bereits um die halbe Welt geflogen und standen dort, wo einst das Surfen seinen Siegeszug um die Welt angetreten hatte. Mitten im Sommer war es schon morgens brütend heiß und wir ließen die Stimmung auf uns wirken. Es war so anders als in Österreich und gleichzeitig auch so beeindruckend. Überall wimmelte es nur so von Asiaten, von denen sich die meisten mit langärmeliger Kleidung und Schirmen vor der Sonne zu schützen versuchten. Wir fragten uns natürlich, warum sie denn überhaupt nach Hawaii fuhren, wenn sie doch gar nicht in der Sonne sein wollten. Die Antwort darauf fanden wir jedoch gleich nach ein paar weiteren Metern auf der Strandpromenade: Shopping. Auf der Kalakaua Avenue reihen sich mehrere Luxuskaufhäuser aneinander, der reine Wahnsinn. Wir gingen in alle Richtungen und überall fanden sich Touristen, Shoppingmöglichkeiten und Fast-Food-Ketten. Im Wasser wimmelte es nur so von Surfern, Stand-Up-Paddlern, Outrigger-Booten und sogar Pärchen auf Longboards. Bei dieser Variante des Surfens wurde die Partnerin während des Surfens in Posen hoch gehoben, es war einfach fantastisch.

Wir schlenderten zurück zu unserem Hostel, schnappten unsere Surfboards und paddelten zu den vielen Menschen im Line up. Unsere Bretter waren zwar für diese Miniwellen viel zu kurz, aber wir schafften es trotz allem, ein paar Wellen zu surfen. Wir waren gar nicht wegen den Wellen hinausgepaddelt, vielmehr ging es uns um die Stimmung dort draußen. Wir blickten vom Wasser auf die vielen Hochhäuser und den Vulkankrater Diamond Head und konnten einfach nicht glauben, dass wir tatsächlich hier waren. Die Menschen im Wasser waren einfach glücklich und wir waren es auch.

Am meisten beeindruckte uns eine schwer übergewichtige Mutter mit ihren zwei Kindern auf einem Stand-Up-Paddleboard. Die Kleinen waren ausgerüstet mit Schwimmwesten, saßen am Board und riefen ihrer Mutter zu, dass sie fester in die Wellen paddeln solle. Wir hatten schon zuvor gelesen, dass die Kinder hier von klein auf mit den Eltern am gleichen Brett surfen würden, doch so recht hatten wir uns dass nicht vorstellen können. Es war eine Riesen-Show und wir verbrachten die meiste Zeit damit, andere Leute zu beobachten.

Besagte Mutter am ersten Tag war nicht die einzige, stark übergewichtige Person, welche wir trafen. Amerika war in dieser Hinsicht unglaublich. Die Essensportionen waren einfach viel zu groß für uns und überall gab es Free Refill von allen Softgetränken. Einmal zahlte ich zum Beispiel einen Becher Coke und hätte gratis auch zehn weitere trinken können. Ein anderes Mal waren wir mexikanisch essen und es gab Free Refill von Nachos und Salsa. Die Portion, welche wir bestellt hatten, wäre in Österreich für vier Personen ausreichend gewesen – ganz ohne Refill! Es war einfach absurd. Einerseits trafen wir auf wirklich trainierte Menschen und Wassersportler, welche zwischen den Inseln über das offene Meer paddelten. Andererseits schleppten sich schwer übergewichtige Personen zu McDonalds, Starbucks und Burger King. Ein Extrem traf hier auf ein anderes und überall gab es Plastikverpackungen. Selbst wenn wir in einem Lokal aßen und kein Take-away-Essen bestellten bekamen wir oft nur Plastikbesteck. Wir waren also in der Wegwerfgesellschaft schlechthin angekommen. Zum Vergleich: In Australien war schon jeder Kaffeebecher kompostierbar gewesen, hier hatte man davon noch nichts gehört. Ein Zwischenfall schockierte uns wirklich: Im Starbucks hatte sich der Mitarbeiter bei Wolfis Namen verschrieben, und noch ehe wir reagieren konnten, hatte er diesen unbenutzten Becher schon in den Müll geworfen und Wolfi bekam einen neuen!

Wir kamen ja gerade von Qamea, dieser Miniinsel in Fidschi, und mussten uns an diese unglaublichen Unterschiede erst wieder gewöhnen. Zwischen all dem Glamour, Glitzer und Lifestyle stachen bereits am ersten Tag die vielen Obdachlosen heraus. Sie lagen überall herum: auf Bänken, am Strand, bei den öffentlichen Toiletten. Oft waren sie gar nicht so ungepflegt oder schlecht gekleidet, aber immer gut erkennbar, denn sie hatten ihr ganzes Hab und Gut in Plastiksäcken oder in Einkaufswägen dabei. In Oahu durften Parks und Strände nachts nicht benutzt werden, daher war abends noch eindeutiger, wer obdachlos war. Wir hatten sogar den Eindruck, dass sie tagsüber am Strand in Ruhe schliefen und nachts herumwanderten.

Später erklärte uns ein Guide, dass es in allen warmen Gegenden Amerikas das gleiche Straßenbild geben würde. Sobald jemand seinen Job verlor und keine Ersparnisse mehr hatte, endete er auf der Straße. Wenn das passierte, war es entscheidend, dass man ganzjährig im Freien schlafen konnte, und in diese Gegenden zogen viele Obdachlose. Einmal hörten wir zufällig ein Gespräch zwischen einem Obdachlosen und einem Polizisten, in dem er diesem erklärte. wo es ein Zentrum mit gratis Essen und Sozialleistungen gebe. Hier in Oahu, erklärte uns jemand, gab es auch noch eine weitere Zwischenstufe, die so genannten „Homeless workers". So bezeichnet man hier Menschen, welche zwar einen Job haben, aber sich davon keine Wohnung leisten können. Wir fanden schon bald heraus, dass jenes Hostel genau neben unserem auf diese Menschen spezialisiert war. Gut sichtbar war schon außen ein Schild angebracht, auf dem stand, dass die Miete täglich, wöchentlich oder auch monatlich bezahlt werden konnte. Die Homeless workers hatten entweder ein Zimmer oder teilten sich eines mit einer anderen Person, und im Hof stand in der offenen Garage ein gemeinsamer TV. Fast jeden Abend saßen sie gemeinsam vorm TV, jeder ein Bier in der Hand, und einmal veranstalteten sie ein Barbecue. Für uns war es einfach unglaublich, wie völlig übertriebener Luxus nur ein paar Straßen weiter auf die Realität von Menschen traf, welche nicht wussten, wie sie die Miete in der nächsten Woche zahlen würden.

Wir hatten bereits am ersten Tag so viele Obdachlose ohne Schuhe gesehen, dass ich spontan beschloss, meine hier zu lassen. Ich stellte mein altes Paar einfach neben eine Mülltonne und nach kurzer Zeit waren sie schon weg. Danach fühlte ich mich ein bisschen besser.

Gleich an unserem zweiten Tag in Hawaii hatte ich morgens eine Show inklusive Pick-up für uns reserviert: Germaine´s Luau. Dabei wird ein Schwein nach alter polynesischer Tradition mit heißen Lavasteinen gefüllt und im Boden vergraben. Nach zwölf Stunden musste dieses dann von männlichen Zwillingen wieder ausgraben werden. Das sagte der Sprecher der Show, wobei wir uns wunderten, ob tatsächlich immer Zwillinge zur Verfügung gestanden hatten. Wir Touristen wurden in sechs großen Bussen zum Veranstaltungsort gefahren, und dort waren gleich noch viel mehr Busse. An unserem Showabend waren sicher dreihundert Leute vor Ort und die Show fand anscheinend jeden Abend statt. Die Mitarbeiter hatten ein großes Buffet aufgebaut und wir verbrauchten gemeinsam wieder jede Menge Plastikbecher, -teller und -besteck. Wolfi und ich kamen aus dem Schauen und Staunen gar nicht mehr heraus. Obwohl ausdrücklich erklärt worden war, man dürfe sich so oft man wolle Nachschlag holen, häuften sich die amerikanischen Gäste teilweise absurde Mengen auf ihre Plastikteller. Das Schwein berührte den Kuchen und darüber rann noch die Salatsauce. Während des Essens begann auch schon die polynesisch-hawaiianische Show mit vielen verschiedenen Tanzeinlagen. Natürlich wurde auch Hulatanzen für alle unterrichtet. Das ließ ich mir natürlich nicht entgehen und rannte sofort auf die Bühne, wo ich von Wolfi als völlig talentfrei beurteilt wurde. Es war sehr lustig, doch wir Gäste überließen die Tänze wieder den Profis, und es wurde ein toller Abend. Zum Schluss gab es noch eine beeindruckende Feuertanz-Show. Wir hatten nun eine Ahnung bekommen, wie es früher auf den Inseln gewesen sein musste, natürlich täglich mit wunderschöner Musik, Tänzen und attraktiven Frauen. Für uns war es ein netter Abend, und kaum im Hostel angekommen, fielen wir wie gewohnt hundemüde ins Bett und vergaßen sofort jedes hawaiianische Wort, welches wir dort gelernt hatten.

Am nächsten Tag schafften wir es morgens einfach nicht aufzustehen. Offensichtlich brauchten wir etwas länger, um das Schwein zu verdauen. Ich hatte für unseren dritten Tag entweder eine Wanderung oder Schnorcheln vorgeschlagen. Bei bestem Wetter fiel unsere Entscheidung auf die so genannte Hanauma Bay. Wir packten unsere Schnorchelausrüstung, besorgten uns ein Take-away-Frühstück in einem Ökoladen, der alles in Papier verpackte, und setzten uns so ausgerüstet zur Bushaltestelle. Die anderen Schnorchler waren ebenfalls gut erkennbar und die Stimmung bei Sonnenschein ausgezeichnet. Kurz überlegten wir, ob es ein Fehler gewesen war, ein beliebtes Ausflugsziel am Wochenende, und noch dazu mit dem öffentlichen Bus, anzufahren. Doch die Amerikaner sind gut organisiert und es gab kaum Wartezeiten im Nationalpark. Hanauma Bay ist ein Vulkankrater, in welchen vor tausenden Jahren das Meerwasser eingebrochen war. Wir stiegen also verschwitzt und erwartungsvoll aus dem Bus, standen oben am Kraterrand und blickten auf blitzblaues Wasser. Es war einfach ein wunderschöner und atemberaubender Anblick. Dann beeilten wir uns den steilen Weg hinunter, warfen die Rucksäcke an den Strand und waren schon im warmen Wasser. Von oben hatten wir auf die leuchtende Bucht geblickt und uns noch gewundert, warum die meisten Leute gleich in Ufernähe schnorchelten. Doch als wir losschwammen, sahen wir keine fünf Meter vom Strand entfernt bereits schöne, bunte und vor allem große Fische und auch gleich ganze Schwärme davon. Wir waren begeistert! Was für eine wunderbare Bucht. Ganz anders als in Fidschi war das Wasser warm und wir blieben eine gefühlte Ewigkeit mit dem Kopf unter Wasser. Wir suchten nach Schildkröten, konnten aber leider keine entdecken. Dafür wurden wir mit einer unglaublichen Artenvielfalt entschädigt. Meine Unterwasserkamera war im Dauereinsatz und wir verbrachten einen der schönsten Tage meines bisherigen Unterwasserlebens in dieser Bucht. Was für ein Reisehighlight! Ich war so unglaublich glücklich, und Wolfi gefiel es auch ganz gut. Noch dazu hatten wir uns auf Hawaii gar nicht großartig eingelesen und wollten Oahu einfach auf uns wirken lassen.

Noch für den gleichen Abend hatten wir einen Ausflug ins Ala Moana Shoppingcenter geplant, dem größten Openair Center in ganz Amerika. Wir gingen von unserem Hostel los, und wäre ich in den nächsten 15 Minuten nicht selbst dabei gewesen, ich würde nicht glauben, was alles passierte. Kurz nachdem wir losgegangen waren, sah ich schon von Weitem, dass Bauarbeiter den Gehsteig frisch betoniert und mit kleinen Straßenhütchen abgesichert hatten. Keine fünf Meter davor sagte ich zu Wolfi: „Stop! Vorsicht!", und blieb gleichzeitig stehen. Er jedoch ging unbeirrt weiter und drehte nur seinen Kopf in meine Richtung. Das blieb auch seine einzige Reaktion während wir uns immer weiter voneinander entfernten und ich zusah, wie er zwei Flipflops-Abdrücke in den frischen Beton setzte und darin versank. Eine meiner Freundinnen meinte später zu dieser Geschichte: Männer sind einfach nicht multitaskingfähig. Er hätte hören UND schauen müssen, das war einfach zuviel. Ich sah völlig entgeistert zu, wie er nach zwei Schritten kleben blieb, verwirrt auf seine Füße blickte, um dann schleunigst von der Betonplatte runter zu springen. Einer der beiden anwesenden Bauarbeiter hatte Wolfi ebenfalls zugesehen, drehte sich zu seinem Kollegen um und sagte: „Now it´s your turn. We have a walker (Du bist an der Reihe. Dieses Mal haben wir einen Fußgänger)." Auf der anderen Straßenseite standen auch weitere Touristen und lachten sich schief, ich schüttelte nur den Kopf und ging weiter.

Da wir mit dem Bus zum Einkaufscenter fuhren, war nach dem Erlebten meine größte Angst, dass Wolfis Schuhe sich während des Wartens auf den Bus mit dem Boden verbinden und er dadurch irgendwo kleben bleiben würde. Noch immer diskutierend, wie diese Betonsituation überhaupt schon wieder hatte passieren können, setzten wir uns zu einer Bushaltestelle. Dort wartete außer uns auch noch eine etwas ungepflegt aussehende Frau. Am Gehsteig gegenüber ging eine dreiköpfige asiatische Touristenfamilie vorbei – von uns kaum beachtet –, als plötzlich die zwei Erwachsenen lauter zu streiten begannen. Irgendwann riss der Vater das Kind an sich und die Mutter schrie auf asiatisch herum. Es war ein riesen Tumult zwischen den beiden und während die drei streitend Richtung Hotel stürmten, fing die ungepflegte Frau neben uns plötzlich laut zu rufen an: „He is brutalizing this kid! You demon! Police! Police! Police! Police!!!! (Er misshandelt das Kind! Du Dämon. Polizei,…)". Sie rief so lange, bis die Familie im Hotel verschwunden war, in immenser Lautstärke. Das Wort „police" kam sicher 50 Mal aus ihrem Mund, wirklich laut, und als niemand mehr zu sehen war, warteten wir alle einfach ruhig weiter auf den Bus und die Frau war ruhig und starrte in die Ferne.

Wolfi und ich konnten auf gar nichts reagieren, denn das alles passierte so wahnsinnig schnell. Wir saßen dort mit den einbetonierten Flipflops und waren uns einig: In Österreich wäre vermutlich die ungepflegte Frau von der Polizei mitgenommen worden, allein schon wegen dem vielen Geschreie. Ohne weitere Zwischenfälle und ohne dass Wolfi im Bus kleben blieb, fuhren wir zum Shoppingcenter und ich kaufte mir neue Sportschuhe. Das war dort vermutlich auch das Einzige, was ich mir leisten konnte, denn es war einfach ein teures Einkaufszentrum voller reicher Asiaten. Am Besten gefiel uns dort noch der große Markt für bleichende Cremes und Tuben. Weiße Hautfarbe zu haben, schien nach wie vor ein Riesenmarkt in Asien zu sein.

Durch den großen Anteil an asiatischer Bevölkerung und Touristen gab es in Honolulu sehr gute, asiatische Restaurants. Einen Abend verbrachten wir in einem koreanischen Laden, den nächsten in einem japanischen Nudelrestaurant. Das tolle Essen machte uns nach Australien wirklich viel Freude. Ganz anders als in Österreich konnten wir hier, wo sich viele verschiedene Nationen vermischen, die internationale Küche am Besten genießen. Wir waren begeistert.

Für den nächsten Tag hatten wir eine Rundfahrt um die ganze Insel geplant. Morgens wurden wir bei einem großen Hotel abgeholt, gerade als wir schon dachten, man hätte uns vergessen. Lustigerweise war mein schwieriger Familienname mit Ö bei dieser telefonischen Reservierung völlig richtig geschrieben worden, statt Karin stand jedoch Ursula auf der Liste! Wir mussten lachen. Das war tatsächlich eine unglaubliche Verwechslung, denn normalerweise waren die Leute bei meinem Familiennamen alle so entnervt, dass wir immer Wolfis Kreditkarte nahmen oder nur mein Vorname notiert wurde. Die Rundfahrt, einmal um Oahu und auch quer durch, wurde sicher auch wegen unserem Fahrer Ron ein so tolles Erlebnis. Er erzählte uns viele Geschichten, die wir, wären wir alleine in einem Mietauto gesessen, einfach nie erfahren hätten. Die Ukulele zum Beispiel war von den Portugiesen hierher gebracht worden. Und bis 1930 waren alle Inseln immer nur per Boot erreichbar gewesen, erst danach gab es die ersten Flugzeuge. Manches Mal lebt man so im Hier und Jetzt dass man solche Dinge einfach vergisst. Das war noch viel beeindruckender, wenn man wusste, wie rau die See hier werden kann. Wir fanden Ron gleich auf Anhieb sympathisch und als wir nach den vielen Obdachlosen fragten, erzählte er uns davon, was ihm vor zehn Jahren passiert war. Damals waren seine Frau und er gerade seit zwei Jahren in Oahu, als beide gleichzeitig ihre Jobs verloren. In Amerika gab und gibt es einfach keine Arbeitslosenversicherung und ähnliches ist für mindestens die Hälfte der Einwohner nicht leistbar. Bald waren sie mit der Miete fünf Monate im Rückstand gewesen und hätten am nächsten Tag die Wohnung räumen müssen, da kriegten beide am gleichen Tag neue Jobs. Er meinte dazu nur: In Amerika kann es jeden treffen. Wir waren dankbar dafür, in Österreich wirklich gut abgesichert zu sein, mit Krankenhäusern, Versicherungen und Arbeitslosengeld. Wenigstens hatte ich hier schon meine Schuhe gespendet.

Nach einigen wunderbaren Aussichtspunkten hielten wir unter anderem bei einer Macadamia- Nussfarm. Dort konnten wir die unterschiedlichsten Nusssorten kosten und auch mit einem Stein Nüsse aufschlagen und essen. Während Wolfi eine Nuss nach der anderen aufschlug, beschäftigte ich mich länger mit den überzogenen Nüssen. Von Kaffee bis zu Karamell gab es jede Variante. Zum Schluss fragten wir Ron, wie denn nun der Macademiabaum aussehen würde. Er lachte und erklärte uns, die Nüsse kämen aus Australien, weil das viel billiger wäre. Was für ein Touristennepp! Das Gleiche erzählte er uns übrigens auch über Honolulu. Es würde dort eigentlich keinen Strand geben und selbst die berühmte Waikiki-Hafenmauer konnte den Sand nicht davon abhalten, mit der Strömung ins offene Meer getragen zu werden. Also wird einfach immer wieder Sand aus Australien, genauer gesagt von Fraser Island, gekauft und importiert. Das Meer würde den Sand aber immer zurück nach Australien tragen.

Zu Mittag aßen wir bei einem typischen Shrimp Truck am North Shore. Von alleine wären wir dort sicher nicht stehen geblieben, aber das Essen war tatsächlich köstlich. Ein kleiner LKW war zu einer Küche umgebaut worden und servierte primär Shrimps. Wir genossen unsere mit Kokos paniert, dazu gab es Reis und eine hawaiianische Ananas.

Danach kam endlich unser Tour-Highlight. Der North Shore von Oahu ist bekannt für Giant Sea Turtles, große Wasserschildkröten. Kaum gingen wir zum Strand, lagen dort auch schon die ersten im seichten Wasser, und eine weitere lag gleich ganz am Strand heraußen und schlief in der Sonne. Für uns war klar: Heute würden wir vielleicht mit diesen unglaublichen Tieren schnorcheln. Laut Tourplanung hatten wir dafür jedoch nur eine Stunde Zeit, also stürzten wir uns sofort ins Wasser. Die ersten 20 Minuten schwammen wir erfolglos über das Riff, dann hörten wir wie ein anderer Tourist nach seiner Frau rief und wir schwammen sofort zu ihm hin. Wolfi voran, jedoch hatte er Probleme mit seiner Taucherbrille, welche sich ständig mit Wasser füllte. Während er herumhantierte und wirklich abgelenkt war, tauchten plötzlich zwei große Schildkröten auf! Unglaublicherweise schwamm eine hinter ihm vorbei und die zweite unter seinen Flossen durch! Ich war völlig aus dem Häuschen, weil ich Schildkröten einfach liebe, doch Wolfi bekam die zwei Tiere gar nicht mit, sondern hantierte nur mit der Brille! Ich war jedoch zu weit weg, um ihn aufmerksam zu machen, und er blickte weder in meine Richtung noch zu den Schildkröten! Eine davon schwamm direkt auf mich zu, und ich musste mich zwischen Wolfi und ihr entscheiden. Würde ich zuerst Wolfi informieren, wären eventuell beide Tiere weg! Zuletzt war ich 1999 in Sumatra mit Schildkröten geschnorchelt und ich wollte mir diese Chance nicht entgehen lassen. Ich hielt die gesetzlich vorgeschriebenen sechs Fuß Sicherheitsabstand ein und schwamm ihr langsam nach. Dabei machte ich unzählige Fotos und auch Videos. Es war fantastisch, wie sie ruhig durchs Wasser paddelte, fraß und auch an der Oberfläche nach Luft schnappte. Für mich waren das die unglaublichsten Momente unserer Reise, ich war endlos glücklich. Nach einiger Zeit schwamm ich zurück und suchte Wolfi, der noch immer an der Riffkante nach Schildkröten suchte. Ich erzählte ihm, was passiert war und er konnte es nicht glauben, schon gar nicht den Teil, an dem sie unter und hinter ihm vorbeigeschwommen waren. Gemeinsam suchten wir weiter, mussten dann aber zurück zum Tourbus. Letztendlich hatte Wolfi an diesem Tag keine einzige Schildkröte im Wasser gesehen. Ich dagegen war überglücklich über dieses einmalige Erlebnis. Als nächstes fuhren wir noch zur alten Dole Plantage. Früher hatte Dole zwei Drittel der weltweit benötigten Ananas hier produziert. Mittlerweile war die Plantage in Hawaii auf fünf Prozent der ursprünglichen Größe geschrumpft. Wir kosteten das berühmte Ananas-Eis und wanderten durch den Garten. Dort fanden sich verschiedenste Ananasgattungen und sogar der Pineappleexpress, ein Zug der durch die Fruchtfelder fuhr. Wir hatten an diesem, unserem vorletzten Tag, viel erlebt und gesehen, und schlenderten wieder durch die Straßen der Großstadt. Wolfi war ganz fasziniert, weil wir auf der Heimfahrt an einem Eisring vorbei gekommen waren. Würden wir hier leben, könnte er doch tatsächlich noch immer Eishockey spielen!

Am unserem letzten Tag schafften wir es, früh aufzustehen, um den so genannten Diamond Head zu besteigen. Dieser Vulkankrater in Stadtnähe ermöglicht einen tollen Ausblick und kann für nur einen Dollar Eintritt erwandert werden. Wir kannten nur die Vorderseite von der Straße aus und bereiteten uns auf eine steile Wanderung vor. Doch in Wirklichkeit führte uns der Weg so lange auf der Rückseite gemütlich entlang, bis man nach einem kurzen Anstieg schon im Krater war. Auf der anderen Seite war der Abhang viel steiler und der Ausblick auf Honolulu und die Küste spektakulär. Erklärt wurde die steile Seite durch den starken Wind. Während des Vulkanausbruchs war die Lava einfach auf die eine Seite transportiert worden und deshalb konnte man über die Rückseite bequem zusteigen. Auch bei unserer Wanderung war es wirklich windig. Die Hawaiianer selbst beten hier oben sogar für die Göttin des Windes. Beeindruckend war auch bei dieser Bergtour, dass wir stark übergewichtige Menschen sahen, welche den Aufstieg bewältigten. Ich denke nicht, dass es überhaupt viele Menschen in Europa mit solchen Körpermaßen gibt, und diese würden einfach keinen Berg mehr besteigen. Die übergewichtigen Personen machten einfach alle zwei Meter Pause. Schon am Hinweg war uns auf der Straße ein kleiner Smoothie-Laden aufgefallen, gleich neben einem Openair-Yogastudio. Dort beschlossen wir, nach der Wanderung zu frühstücken. Mich interessieren solche Läden immer, da ich selber seit vielen Jahren Frühstückssäfte mixe. Und dort, an unserem letzten Tag, entdeckte ich wohl den besten Smoothie-Laden aller Zeiten. Unsere beiden Säfte waren so lecker, ich könnte gar nicht sagen, welcher besser schmeckte. Ausgerechnet erst am letzten Tag für uns entdeckt, was für eine Tragödie!

Unser Abflug war bereits am nächsten Tag frühmorgens geplant. Und ehrlich gesagt, freuten wir uns auch schon wieder auf den nächsten Stopp. Einige Tage Großstadt nach einer Pazifikinsel ohne Straßen war schön und gut, aber ständig von Asiaten mit 10.000 Euro Uhren shoppend durch Honolulu geschoben zu werden, das war dann doch nicht unsere Welt.

# Kauai

Unser nächster Stopp sollte uns auf eine andere hawaiianische Insel bringen: Kauai. Am Weg zum Flughafen holte unser morgendlicher Shuttleservice noch eine andere Frau ab. Sie kam auf zwei Krücken und durfte keinesfalls ihre zersplitterte Ferse belasten. Vorsichtig hievte sie sich ins Auto. Während der Fahrt erzählte sie, dass sie es sich nicht leisten konnte, ihren Job zu verlieren und dafür auf eine andere Insel fliegen musste. Immer wieder kamen Wofli und ich überein, dass es ein unglaubliches Privileg ist, in Österreich leben und arbeiten zu können.

Am Flughafen erlebten wir gleich eine böse Überraschung: Pro Surfgepäck waren nur zwei Boards erlaubt. Da wir jedoch drei hatten, mussten wir 70 Dollar zahlen –mehr als erwartet. Der Flug auf die Nachbarinsel war mit nur 30 Minuten berechnet, und die verschliefen wir größtenteils. Wir hatten uns bei der Reiseplanung in Österreich für zwei der insgesamt acht hawaiianischen Inseln entscheiden müssen und ich hatte Kauai gewählt, vor allem weil sie als Garteninsel bekannt war. Damals hoffte ich auf viel Natur und Wasserfälle. Kurz vor der Landung wachte ich auf und der Blick aus dem Fenster war tatsächlich atemberaubend schön. Wir flogen ganz nahe über eine grüne Hügelkette, und mir war sofort klar: Hier würden wir einen Hubschrauberflug buchen! Schon daheim war mir von Freunden erzählt worden, dass Inselrundflüge hier ein absolutes Highlight wären, da 80 Prozent der Insel nicht begehbar wären. Aber wenn man drei Monate um die Welt reist, muss man auch das Budget im Auge behalten. Außerdem empfand ich ursprünglich einen Hubschrauberflug als dekadente Umweltverschmutzung. Doch schon beim Anflug änderte ich meine Meinung. Gleich nachdem wir in Kauai gelandet waren, nahmen wir uns auch zum ersten Mal ein Mietauto. Wolfi wurde als mein Chauffeur bestimmt, denn jemand anderer bot sich sowieso nicht an, und das Fahren selbst war sehr entspannt. Die Straßen waren breit, die Beschilderung gut und generell fuhren nur wenige Autos herum. Das Geschwindigkeitslimit auf der Insel betrug 70 mph, also zirka 90 km/h. Allerdings war dieses Tempo meistens nicht erlaubt, eher 25 – 40 mph. Das war toll für uns Touristen, denn so hatten wir genug Zeit, um während der Fahrt aus dem Fenster zu blicken. Wir fuhren gleich zu unserem Hotel, dem Po'ipu Breakfast Inn. Dieses einmalige Hotel muss hier besonders erwähnt werden, denn es war einfach wunderschön. Wir wohnten in einem neu renovierten, alten Plantagenhaupthaus. Die Zimmer waren fantastisch und es herrschte absolute Wohlfühlatmosphäre. Gleich nach dem Einchecken, bei dem wir mit Infos und Landkarten überhäuft worden waren, gingen wir an den Strand. Dieser war in zwei Minuten erreichbar, und keine zehn Minuten später standen wir schon am Surfspot. Nur leider sahen die Wellen gar nicht so gut aus, sie waren wie schon in Oahu klein und windverblasen. Wolfi wollte trotzdem ins Wasser, also gingen wir zurück. Dabei kamen wir erneut an der ersten, kleinen Bucht vorbei, und dieses Mal stach uns sofort eine Schildkröte ins Auge! Wir schauten genauer und sahen gleich ein paar Tiere. Das war so aufregend, direkt in Ufernähe und neben den Badegästen! Wir liefen also sofort nach Hause, das Surfen war vergessen, holten unsere Schnorchelausrüstung und hofften inständig, die Tiere würden nach zehn Minuten noch immer da sein. Und da waren sie! Was für eine Freude! Wir schwammen keine 30 Meter in das hellblaue Meer hinaus und schon tauchten zwei Schildkröten vor uns auf. Wir waren beide völlig aus dem Häuschen, vor allem Wolfi, der zum ersten Mal mit diesen wunderbaren Tieren schnorchelte. Auf eine Schildkröte zu treffen, war für uns etwas Besonderes, und in dieser Bucht wimmelte es nur so davon! Später sahen wir vom Ufer aus, dass auch in der nächsten Bucht weitere Tiere waren. Und das Wunderbarste daran: Anscheinend waren sie immer da! Aufgeregt kamen wir zur Plantage zurück und unser Vermieter erzählte uns, dass die Zuchtprogramme hier erfolgreich wären. Wir waren begeistert! Was für ein aufregender erster Tag. Wolfi träumte sogar von Schildkröten, so aufregend war das Schnorcheln für ihn. In den nächsten Tagen gingen wir immer wieder schnorcheln, fanden die Tiere jedes Mal und waren danach unglaublich glücklich. Und das Ganze nur 2 Minuten von unserem Hotel entfernt. Das Frühstück hier in diesem Inn war ebenfalls etwas ganz Besonderes. Wir waren nur wenige Personen im Haupthaus, und nur wir bekamen überhaupt Frühstück serviert. Täglich wurden wir mit etwas Neuem überrascht, immer jedoch wurden lokale Früchte und anschließend entweder Pancakes, Eier mit lokalen Würstchen oder gefüllte Croissants serviert. Einmal beschenkte uns die Rezeptionistin mit Avocados von ihrem Baum und wir aßen sie zu den Frühstückseiern – sensationell.

Rückblickend kann man sagen, dass wir uns bereits am ersten Tag in Kauai verliebt hatten. Den zweiten Tag auf dieser einmaligen Insel verbrachten wir im Waimea Canyon. Unsere Hotelmitarbeiter, allen voran der entzückende Javed, hatten uns die besten Wanderungen genau erklärt und uns auch noch ein Wanderbuch geborgt. Da die Insel nicht besonders groß ist, waren wir trotz gemütlicher Autofahrt auch innerhalb einer Stunde beim ersten Aussichtspunkt. Tatsächlich war uns nicht zuviel versprochen worden. Hier sah es aus wie in einem kleinen Gran Canyon. Rote Erde, steile Schluchten, und hunderte Meter hohe Wasserfälle. Wir genossen die wunderbare Aussicht. Die zweistündige Wanderung zu einem kleinen Wasserfall war ebenfalls sehr schön. Wir waren restlos begeistert von Kauai. Was für eine Perle mitten im Meer. Die Aussichtspunkte steigerten sich in ihrer Schönheit, je tiefer wir in den Canyon hineinfuhren, und der letzte Punkt bot zum ersten Mal einen Ausblick auf die berühmte Na Pali-Küste. Dieser Teil der Insel konnte nur von der Ferne beobachtet oder per Boot beziehungsweise aus der Luft angesteuert werden. Wir standen auf der Aussichtsplattform und waren überwältigt. Das war sicher einer der schönsten Landschaften, welche wir bisher gesehen hatten! Viele Hollywoodfilme waren hier schon gedreht worden, unter anderem ankerte dort unten das Boot aus dem Film „Fluch der Karibik". Und als wir dort standen und hinunte blickten, sagte Wolfi nur: „Da gibt es sicher noch Dinosaurier." Abends fotografierte ich noch den malerischen Sonnenuntergang und begriff schön langsam, warum auf der Straße ein Schild stand, auf dem zu lesen war: „Aloha, welcome to Paradise (Aloha, Willkommen im Paradies)."

Am nächsten Morgen hatten wir ein lebhaftes Frühstück mit fünf anderen Gästen. Ein weiteres Pärchen war ebenfalls im Canyon gewesen und wir tauschten uns über die Schönheiten der Insel aus. Irgendwann erzählte ich nebenbei, dass wir unglaublicher Weise zwei Mal Texaner beim Wandern getroffen hätten. Erkannt hatten wir diese an der typischen Begrüßung, sie sagten nämlich: „Howdy" zu uns. Daraufhin brach Robyn, ebenfalls Amerikanerin, in lautes Gelächter aus und meinte, das würde man wirklich nicht oft hören, was für ein lustiger Ausdruck. Bei uns am Tisch saß jedoch auch ein ruhigeres Pärchen, welches sich bisher kaum an Gesprächen beteiligt hatte, und plötzlich sagte der Mann, ohne zu lachen: „I was in Howdy Elementary School (Ich war in der Howdy Volksschule)." Ein Texaner! Wir mussten noch mehr lachen, vor allem Robyn.

Dieser Tag war der vierte Juli 2014, Amerikas wichtigster Feiertag, und Javed hatte uns etwas ganz Besonderes empfohlen. Die letzte Stadt im Westen der Insel, Kekaha, würde am Baseballfeld immer ein besonders schönes Fest veranstalten, und er lud alle Hotelbewohner dorthin ein. Wir surften noch am Morgen und beobachteten die Schildkröten, dann hatte Wolfi ein paar Tourstopps festgelegt. Zuerst fuhren wir nach Koloa, um die Altstadt zu besichtigen. Beeindruckend war dort vor allem, dass die hawaiianischen Inseln schon vor vielen hunderten Jahren von Chinesen, Indern, Japanern, Filipinos und Europäern überflutet worden waren. Die meisten davon waren Handelsreisende und viele blieben in Kauai, um auf den Zuckerrohrplantagen zu arbeiten. Beim Betrachten der Bilder, welche vor Ort ausgestellt waren, erinnerten wir uns auch daran, dass es den ersten Passagierflug hierher erst 1930 gegeben hatte. Davor waren alle mit Schiffen und Booten unterwegs und bei rauer See konnte der Hafen auch oft nicht angesteuert werden. Das wäre wirklich nichts für mich gewesen!

Von Koloa fuhren wir gleich in den nächsten Ort mit dem tollen Namen Hanapepe. Die Geschichte dort war ähnlich der von Koloa, aber hier waren die alten Häuser frisch restauriert worden, sogar die alte Hängebrücke sah wie neu aus. Die meisten Läden waren jetzt Galerien, und wir wunderten uns, wie hier so viele Menschen davon leben konnten. Auch ein gemütlicher Buchladen war dabei, randvoll mit alten Büchern über Hawaii inklusive Bildern. Ich hatte zuvor schon Postkarten mit Surfern aus der Zeit um 1898 gekauft und war auch hier wieder begeistert. Zum ersten Mal tat es mir richtig leid, dass wir keine Souvenirs mitnehmen konnten. Der nächste Stopp war ein besonderes Highlight, genannt: Russian Fort. Ein riesengroßes Schild auf der Straße sorgte dafür, dass man es nicht verfehlen konnte. Als wir ankamen, war es kurz nach Mittag und wirklich heiß. Wir waren auch die einzigen Gäste, welche dort parkten, was uns ebenfalls seltsam vorkam. Missmutig trabten wir in der sengenden Hitze zur Infotafel, nur um zu erfahren, dass die Russen hier vor Jahrhunderten mit einem deutschen Ingenieur ein Fort hatten errichten wollen. Während des Baus fiel ihnen jedoch auf, wie weit die Insel eigentlich von Russland entfernt war, also stoppten sie den Bau und kamen nie wieder zurück. Die Reste davon konnten wir also besichtigen, und tatsächlich waren nur ein paar verteilte Steinhaufen, völlig unerkenntlich, liegen geblieben. Wir waren enttäuscht, schossen aber lustige Fotos und amüsierten uns über das Ausflugsziel, denn erst gestern waren wir an der Einfahrt zum wundervollen Waimea Canyon vorbei gefahren. Dort war nämlich das Hinweisschild so klein gewesen, dass auch das andere Pärchen ebenfalls daran vorbei gefahren war. Hier jedoch, zum vermutlich unsehenswertesten Steinhaufen weltweit, war der Überkopfwegweiser so riesig, dass man fast gezwungen wurde, dort hineinfahren. Unser nächstes Highlight sollte der längste Strand aller Inseln werden, genannt Polihale Beach. Wir fuhren bis ans Ende, waren jedoch wieder nicht beeindruckt, weil wir doch gerade in Australien auf Fraser Island gewesen waren – der längsten Sandinsel der Welt. Auch hier, genau wie in Australien, fuhren die Amerikaner mit großen 4x4 Autos den Strand entlang, campten überall, hatten Griller dabei und verbrachten den Feiertag am Strand. Wenig beeindruckt fuhren wir von dort weg, als plötzlich ein kleiner Vogel vors Auto flog und Wolfi ihn tatsächlich überfuhr. Er war schockiert, doch ich tröstete ihn mit der Geschichte, welche uns Antti und Ella in Noosa, Australien, an unserem gemeinsamen Abend erzählt hatten. Sie waren eines Abends mit ihrem Auto im Outback unterwegs gewesen und die letzte Ortschaft lag schon gut hundert Kilometer hinter ihnen, als plötzlich eine Babykatze auf der Straße saß. Natürlich konnten sie nicht mehr ausweichen und überfuhren diese. Antti tat es furchtbar leid, wobei es natürlich ein großes

Rätsel war, wie eine Babykatze aus dem Nichts hunderte Kilometer nach der letzten Zivilisation auftauchen konnte.

Unser nächstes Ziel an diesem Tag sollte Kekaha sein. Javed hatte uns gemahnt, nicht später als halb fünf Uhr dort zu sein, weil dann die Tänze beginnen würden. Unter brütender Hitze begaben wir uns zum Baseballfeld. Es waren schon einige Leute außer uns vor Ort und es gab Spiele für die Kinder sowie Stände mit unterschiedlicher Verpflegung. Es sah ganz nett aus, aber wir hatten keine Vorstellung was an einem vierten Juli tatsächlich in Amerika so alles passieren würde. Abwartend setzten wir uns, als einzige Touristen weit und breit, auf eine Bank vor die Bühne, warteten und beobachteten die Vorgänge. Ich zweifelte schon an unserem Verstand, weil wir bei der Hitze so früh dort waren, wir blieben jedoch sitzen und ließen die Stimmung auf uns wirken. Beeindruckt waren wir, weil es keinen Alkohol zu kaufen gab und allgemeines Rauchverbot herrschte. Die beiden Moderatoren waren von Anfang an sehr lustig und wir hatten viel zu lachen. Vor allem, weil sich alle im Ort kannten war das Gefühl einer großen Gemeinschaft allgegenwärtig und wir fühlten uns sehr wohl. Die Wiese füllte sich langsam mit Familien, welche Decken ausbreiteten, und Kinder liefen herum: die Stimmung war positiv und ausgelassen. Dann begannen die traditionellen Tänze. Wir sahen wunderschöne Hulatänze, auch von Kindern. Jeder Hulatanz erzählte seine eigene Geschichte, so ruderten die Kinder zum Beispiel von Amerika zu den Inseln herüber. Dazwischen tanzten die Erwachsenen, und wir trauten unseren Augen nicht: Bei den Männern war tatsächlich unser Javed dabei! Deshalb hatte er uns morgens ermahnt, pünktlich zu sein! Wir hatten davon nichts gewusst und waren begeistert, obwohl er nicht der beste Tänzer war und ständig den Einsatz versäumte! Dann hatte er uns auch schon entdeckt und freute sich riesig, dass wir tatsächlich gekommen waren, noch dazu, weil wir die einzigen Gäste vom Hotel waren, welche der Einladung gefolgt waren. Nach seinen Tänzen kam er vorbei und überreichte uns zwei Hulaketten. Wir fühlten uns wirklich geehrt und waren gerührt. Danach folgten weitere Tänze. Kekaha war wie alle zuvor besichtigten Städte vor allem durch verschiedene Einwanderer und deren Kulturen geprägt worden. Wir sahen Aufführungen in wunderschönen Kostümen von den Philippinen und auch japanische Tänze. Wir waren so beeindruckt, es war eine großartige Show. Nach der letzten japanischen Vorführung lud der Moderator alle Anwesenden zu einem „Bon dance" ein. Wir hatten keine Ahnung was passieren würde, aber viele Einheimischen Personen sprangen sofort auf und gesellten sich zu den Tänzern auf die Wiese. Statt traditioneller japanischer Musik wurde plötzlich ganz normaler amerikanischer Rock gespielt und alle fingen gemeinsam im großen Kreis zu tanzen an. Die japanisch-hawaiianischen TänzerInnen gaben dabei die Schritte vor, und alle anderen sprangen auf und tanzten mit. Es war einfach sensationell und die friedvolle, liebevolle Stimmung machte uns ganz rührselig. Irgendwann merkte ich, dass ich den

Tränen nahe war, und Wolfi ging es ähnlich. Javed erklärte uns am nächsten Tag, dass man bei diesem Tanz der Toten gedachte und für diese tanzte. Zusätzlich gab es zu dieser Traumstimmung auch noch einen wunderbaren Sonnenuntergang. Zwischen uns sprangen Kinder umher und, anders als in Österreich, gab es auf diesem Fest keine Betrunkenen und keine Schlägereien. Im Gegenteil, es war einfach das friedlichste Fest auf dem wir jemals waren. Wir waren tief ergriffen, es war einfach „heartwarming" ohne Ende. Als wäre dies alles nicht schon fantastisch genug gewesen, traten als Nächstes Ben Vegas und Maila Gibson auf. Uns sagten die beiden nichts, doch sie waren aus der Gegend, sangen schon jahrelang gemeinsam und hatten viele Konzerte in ganz Amerika gespielt. Zu diesem Fest kamen sie nach einem Konzert in der berühmten New Yorker Carnegie Hall. Wir waren gespannt, doch schon beim ersten Song war klar: die beiden waren einfach großartige Sänger und Entertainer! Wir waren so glücklich auf diesem Fest, es war unglaublich wie viel Liebe in der Luft lag. Die Zeit verging leider viel zu schnell und plötzlich informierte uns der Moderator, dass wir zehn Minuten Zeit hatten, um unsere Keikis, also Kinder, einzusammeln, denn danach würden alle Lichter abgedreht werden und das Feuerwerk würde beginnen. Wir freuten uns auch darauf wie kleine Kinder, und es wurde einfach wunderschön! Danach spielten Ben und Maila noch weiter, doch wir entschlossen uns, diesen einzigartigen Abend mit einer Stunde Heimfahrt ausklingen zu lassen. Noch im Auto bemerkten wir, dass wir einfach restlos glücklich waren. Diese Gemeinschaft und das besondere Fest waren unglaublich gewesen. Uns war klar: Das war der schönste Abend dieser Reise und vermutlich auch für lange Zeit in unserem Leben gewesen. Würde mich jemand fragen, wo ich alle vierten Juli meines Lebens verbringen wollen würde, die Antwort wäre immer: Kekaha!

Der nächste Tag sollte ruhiger werden. Wir trafen die anderen beim Frühstück und auch Javed. Es war ein bisschen enttäuschend, dass niemand der anderen Gäste beim Fest am Vortag gewesen war, denn ein Tipp von einem Einheimischen ist doch immer Gold wert. Wir bedankten uns tausend Mal bei ihm für diesen einmaligen Abend. Anschließend gingen wir surfen und machten auch noch eine Küstenwanderung über die Klippen. Der gestrige Abend ging uns nicht mehr aus dem Kopf. In Österreich wäre so ein Fest wohl niemals möglich. Partys ohne Alkohol und Zigaretten waren unvorstellbar, und es gab immer Betrunkene, die unkontrolliert herumliegen, sowie sinnlose Schlägereien. Wir waren einfach dankbar, dass wir so etwas hatten erleben dürfen.

Ein weiteres Highlight fehlte uns auf der Insel noch: Die Fahrt in den Norden. Am nächsten Tag fuhren wir gleich nach dem Frühstück die Sehenswürdigkeiten entlang der Küste ab. Dabei schossen wir Fotos vom Leuchtturm in der Nähe von Barbara Streisands Haus und noch am Vormittag versuchten wir unser Schnorchelglück in einer riffgeschützten Bucht. Wir schwammen hinaus, als Wolfi plötzlich ganz aufgeregt zu winken begann. Er hatte zwei Schildkröten gefunden, welche sich im Riff versteckt hielten, um dort in Ruhe schlafen zu können! So etwas kannten wir höchstens aus Tauchmagazinen, aber noch nie zuvor hatten wir zwei gleichzeitig schlafende Tiere gesehen. Das war so aufregend, dass wir in der nächsten Bucht gar nicht mehr schnorcheln gingen, denn das Erlebte würde sich wohl kaum toppen lassen. Auf der Weiterfahrt sahen wir noch einige schöne Buchten und erreichten mittags den netten Ort Hanalei.

Die Gegend ist bekannt für Taroanbau. Taro ist hier die einheimische Kartoffel, jedoch viel gesünder. Leider wird sie fast nicht mehr angebaut. Wir bestellten uns Taro-Hühnchen und bekamen ganz weiches, hervorragend schmeckendes Fleisch serviert. Das lag wohl daran, dass das Huhn in Taroblättern eingewickelt und gegart worden war. Wir fanden es einfach super, dass man an einem Straßenstand so lecker essen konnte. Gestärkt fuhren wir weiter Richtung Norden. Man kann Kauai zwar nicht umrunden, jedoch bis ans Ende der Straße fahren. Diese wurde immer enger und wir kamen in eine dicht bewachsene, grüne Gegend mit unglaublich schönen Stränden. Kein Wunder, dass hier die amerikanischen Promis reihenweise Häuser besaßen. Das Ende der Straße markierte gleichzeitig den Beginn der Na Pali Coast, auf welche wir vom Waimea Canyon Tage zuvor schon einen Blick geworfen hatten. Zum Glück fanden wir dort einen Parkplatz und begannen die Wanderung auf dem einzigen Hiking Trail. Schon nach ein paar Minuten Gehzeit hatten wir einen spektakulären Ausblick auf das Riff und das blitzblaue Wasser in der Bucht. Wir konnten uns an der Landschaft gar nicht satt sehen, und unterwegs fanden wir sogar einen gefährlichen Skolopender, einen angriffslustigen Hundertfüßer. Diese Tiere leben eigentlich unter der Erde und es war vermutlich reiner Zufall, dass er sich gerade auf dem Wanderweg befand, als wir seinen Weg kreuzten. Wir wanderten weiter und schon bald konnten wir erste Blicke auf die atemberaubende Küstenlandschaft werfen. An einem kleinen Bach endete unsere Wanderung, denn wir hatten leider nicht mehr Zeit eingeplant. Der Küstenwanderweg war dort auch schon zu Ende und wir hätten nur noch stundenlang ins Landesinnere weiter gehen können. Somit schlenderten wir zurück, um an diesem Tag doch noch einmal ins Wasser zu kommen, denn direkt bei unserem Parkplatz fiel die Vulkanküste steil ins Meer. Wir sprangen mit dem Schnorchel-Equipment ins Wasser und schwammen mit schönen Fischen an Felshöhlen vorbei. Schon vom Ufer aus war es beeindruckend zu sehen gewesen, dass über dem Wasser kahle Lavafelsen lagen, welche, kaum durchbrachen sie die Meeresoberfläche, dicht mit Algen und Muscheln bewachsen waren. Und das Meer war voll mit Fischen. Auch dieser wunderbare Ausflug hinterließ unvergessliche Eindrücke bei uns. Was für eine fantastische Insel!

Das größte Highlight hier auf Kauai sollte bereits am nächsten Tag folgen. Für den letzten Nachmittag hatten wir einen „open door"-

Hubschrauberflug gebucht! Ich war vom Frühstück an nervös, weil der Wetterbericht für den ganzen Tag starken Wind gemeldet hatte! Zu Mittag gab es für mich nur mehr leichte Kost und um halb drei Uhr standen wir wie vereinbart beim Treffpunkt von Jack Harter Helicopters bereit. Der Besitzer hatte vor einigen Jahrzehnten diese Touren hier eingeführt und flog nach wie vor als einziges Unternehmen ohne Türen. Der Vorteil davon war, dass man viel besser fotografieren konnte, der Nachteil lag jedoch ebenfalls auf der Hand: Auch bei Regen würden die Türen offen bleiben. Wir würden uns den Hubschrauber mit einem anderen Pärchen teilen. Es hätte auch größere Hubschrauber für sechs Personen gegeben, doch da hatte ich gelesen, dass die leichteren Personen immer in der Mitte sitzen mussten. Bei den meisten Durchschnittsamerikanern wären das sicher wir gewesen und so hatten wir uns für die vier Personen-Tour entschieden. Vor Ort wurden wir auch gleich nochmals abgewogen. Das Sicherheitsgespräch war zwar leicht verständlich, doch als ich jedoch den

Gurt sah, wurde ich nervös. Er unterschied sich überhaupt nicht von einem gewöhnlichen Autogurt! Sollten hier nicht Extra-Sicherheitsverschlüsse sein? Noch dazu, weil wir ohne Türen flogen? Nur einmal angenommen, Wolfi neben mir würde rein „versehentlich" meinen Gurt auslösen, dann hätte ich hunderte Meter Abgrund unter mir! Bei aller Liebe zueinander – anfangs ließ ich die Handschlaufe im Helikopter nicht los. Zusätzlich hatten wir wirklich starken Wind, welcher schon seit Tagen auf der Insel herrschte und uns auch schon so manche Surfsession vermiest hatte. Und tatsächlich: Kaum waren wir vom Boden abgehoben, wurden wir auch schon von der ersten Böe erfasst. Trotzdem fanden wir alles unglaublich aufregend und der Ausblick war von Anfang an faszinierend. Unglaublicherweise blieb der Hubschrauber trotz des Windes ruhig in der Luft und wir flogen eine Stunde über die Insel. Im Waimea Canyon blieben wir ganz nahe neben den hohen Wasserfällen in der Luft stehen und hatten einen wirklich atemberaubenden Ausblick. Dann näherten wir uns schon der Na Pali

Küste. Wir flogen über einen Wasserfall, der ins Meer stürzte, es war einfach wunderschön. Mit Ausblick auf die Häuser von Owen Wilson und Sylvester Stallone ging es zurück zum Flughafen und wir konnten nicht glauben, dass die Stunde schon vorbei sein sollte. Was für ein Erlebnis! Dies war zugleich mein Geburtstagsgeschenk für Wolfi und unser gemeinsames Abschiedserlebnis auf der Insel. Unser Abflug nach diesen acht wundervollen Tagen war für den nächsten Tag geplant, und wir konnten es einfach nicht glauben. Hatten wir wirklich schon genug mit den Schildkröten geschnorchelt, den Canyon durchwandert, Wellen gesurft? Sicher nicht! Der letzte Sonnenuntergang war nochmals fantastisch, und wir waren wirklich traurig, als wir zu packen begannen. Uns fiel der Abschied von hier sehr schwer.

Für den letzten Abend war eigentlich nur noch ein ruhiges Abendessen geplant, doch dann entdeckten wir zufällig einen Passus in den Gepäcksbestimmungen von U.S Airways, unserer nächsten Fluglinie. Dort stand nämlich: Pro Boardbag waren zwei Boards erlaubt und die Gebühr wäre pro Board 150 US-Dollar! Was?? Wir hatten ja drei Boards! Das wären mit Abstand die übelsten Transportkosten, welche wir jemals auf einer Reise gehabt hätten, und das weltweit! Ich konnte gar nicht gut einschlafen, das würde unser Reisebudget wirklich belasten. Völlig angespannt und unausgeschlafen kamen wir am nächsten Tag zum Flughafenschalter. Der junge Mann am Schalter checkte uns ein, blickte auf unser Surfgepäck und sagte: „That's 150 Dollars (Das kostet 150 Dollar)." Wir willigten sofort ein, denn immerhin würde er die Bretter nicht zählen und wir sparten somit 300 Dollar, mit denen wir schlimmstenfalls auch gerechnet hatten! Als nächstes begann er jedoch auf seiner Tastatur zu tippen und ich bekam sofort einen nervösen Anfall. Vielleicht las er sich ja genau in diesem Moment die Bestimmungen der Fluglinie erneut durch? Wolfi stand, ohne zu atmen, stocksteif mit der gezückten Kreditkarte in der Hand am Schalter. Hätte jemand eine Stecknadel fallen lassen, wir hätten es gehört. Eine gefühlte

Ewigkeit verging und plötzlich sagte der beste Flughafenangestellte, den wir jemals getroffen haben: „Put that card away, the boards are on me" (Gib die Kreditkarte weg, die Boards sind gratis.)." Das war's! Die drei Boards flogen gratis von Hawaii nach Nicaragua, ein Traum! Diese fantastische Nachricht hatten wir noch gar nicht verdaut, als er uns auch noch fragte: „Do you want better seats? (Wollt ihr bessere Sitzplätze?). I can offer you more leg room for free (Ich kann euch gratis mehr Beinfreiheit anbieten)." Natürlich sagten wir auch da ja! Was für ein Check-in, wir waren begeistert! Nach fünf Stunden landeten wir mit viel Beinfreiheit in Los Angeles, danach ging es über Nacht weiter nach Miami und kurz darauf checkten wir dort nach Managua ein. Bis Miami lief es wirklich problemlos, wir waren entspannt und warteten nur noch am Gate auf den letzten Check-in, der uns nach Nicaragua bringen sollte. Doch dann tauchten plötzlich vier amerikanische Polizeibeamte auf und legten einem Nicaraguaner in unmittelbarer Nähe Handschellen an! Der Sohn wurde verhaftet, während Vater, Mutter und Schwester wie versteinert daneben saßen. Sie hatten also gemeinsam versucht, Amerika zu verlassen und waren gescheitert. Da die gesamte Familie nun nicht mehr mit uns mit flog, musste das gesamte Gepäck nach ihren Koffern durchsucht werden. Denn laut Flughafenregelung durfte kein Gepäckstück ohne Besitzer fliegen. Das bedeutete, dass wir, bereits im Flugzeug, eine weitere Stunde warten mussten, in der das Flugzeug beinahe ganz ent- und wieder beladen wurde. Erst danach durften wir abheben. So schafften wir es mit einer Stunde Verspätung zu unserem letzten Reiseziel: Nicaragua.

# NICARAGUA

## Playa Santana

Wir landeten mittags in der Hauptstadt Managua. Von oben sahen die Häuser ähnlich aus wie in San Jose, Costa Rica, oder Quito, Ecuador. Wir hatten uns mit dem ersten Surfhotel wie üblich einen Abholservice organisiert. So etwas kostet zwar etwas mehr, jedoch sind wir immer froh, wenn wir den Flughafen schnell verlassen können. Hier staunten wir nicht schlecht, als wir den Fahrer sahen. Er war nicht nur dick, sondern er war so stark übergewichtig, dass er kaum hinter das Lenkrad passte. Sobald wir los gefahren waren, bemerkten wir auch schon, dass ihm, obwohl es früher Nachmittag war, ständig die Augen zufielen! Wir baten ihn gleich beim erstbesten Supermarkt stehen zu bleiben, kauften Vorräte für uns und Cola für ihn. Diese zweistündige Fahrt werden wir wohl nie vergessen. Wir versuchten, sowohl ihn als auch uns selbst mit mühsamen Gesprächen munter zu halten, denn wir waren auch müde von der Reise. Irgendwann schlief ich ein, aber wenigstens Wolfi konnte sich munter halten. Zum Glück kamen wir heil im Buena Onda Resort an. Dort trafen wir auch gleich auf ein Schweizer Pärchen, welches uns eine ähnliche Geschichte über ihre Anreise, allerdings während der Nacht und mit einem anderen Fahrer, erzählte. Aufgrund dieses Erlebnisses reservierten wir uns für den Rückflug noch am ersten Tag in Nicaragua ein Hotel gleich gegenüber vom Flughafen. Unser Flug würde nämlich früh morgens stattfinden und nochmals würden wir so eine Fahrt nicht durchmachen wollen. Wir waren durch das Erlebte überhaupt nicht optimistisch, was unser neues Reiseziel betraf und merkten den deutlichen Unterschied zum allgegenwärtigen Aloha Spirit auf Kauai. Müde bezogen wir erstmals unser Zimmer und lernten gleich als Nächstes zwei andere Österreicher kennen. Sie erzählten uns eine abenteuerliche Geschichte, welche ihnen erst in der Vorwoche hier passiert war: Zu Dritt waren sie im ganzen Land mit dem Mietwagen unterwegs gewesen und hatten eine Reifenpanne gehabt. Ein netter Nicaraguaner hielt an der viel befahrenen Straße an und half ihnen beim Reifenwechsel. Sie bedankten sich dafür auch noch herzlich. Doch als sie weiterfuhren, entdeckten sie, dass der Mann ihr gesamtes Handgepäck, inklusive Pässen, Telefonen, Kameras und sämtlichen Reiseunterlagen gestohlen hatte! Der gemeine Trick wurde ihnen später so erklärt: Offensichtlichen Touristenautos (sie hatten ihr Surfgepäck gut sichtbar auf der Ladefläche verstaut) wurden spitze Gegenstände vor die Reifen geworfen und somit eine künstliche Reifenpanne erzeugt. Der nette Helfer lenkt die Touristen ab, während ein weiteres Auto neben dem Fahrzeug stoppt. Die Diebe laden das Gepäck unbemerkt in ihr Auto um und fahren davon, während der nette Einheimische vor Ort weiter hilft. Da die Gesamtsituation so stressig ist, merkt keiner der Touristen, was eigentlich passiert. Die Polizei dürfte ebenfalls beteiligt sein, denn in ihrem Fall wusste la policia erstens bereits ohne Beschreibung, wo das Ganze passiert war, und zweitens ließen sie die Österreicher anfangs nicht bei der Kreditkartenfirma anrufen! Und das obwohl die dritte Person richtig gut spanisch sprach. Mein Spanisch wäre in dieser Situation vermutlich gar nicht ausreichend. Danach begann auch noch der unangenehme Bürokratie-Spießrutenlauf, denn ohne Pass würde es keine Ausreise geben!

Wolfi und ich nahmen uns nochmals vor, dass wir hier gut aufpassen würden. Zum Glück hatten wir kein eigenes Auto. Wir profitierten jedoch gleich von dem Mietauto der anderen zwei Österreicher, mit denen wir frühmorgens gemeinsam zum Surfen nach Popoyo fuhren. Diesen Strand hätten wir zu Fuß und im Dunkeln um fünf Uhr morgens sicher nicht unter dreißig Minuten Gehzeit erreicht. Es war ein guter Surf, wir waren beinahe alleine im Wasser und uns tat es gut, wieder einmal mit Österreichern zu reden. Nach dem ganzen Aloha-Spirit auf Hawaii war Nicaragua jedoch nicht ganz so einladend, Kauai hatte die Latte für jedes andere Land auf dieser Welt ganz schön hoch gelegt. Das Buena Onda Resort war jedoch schön und die anderen Gäste sehr nett. Wir freundeten uns auch gleich noch mit einem Schweizer Pärchen an. Trotzdem vermissten wir Hawaii und das wunderschöne, blitzblaue Wasser mit den vielen Fischen. Hier kriegten wir beide nur abwechselnd die brennenden Nesseln von Quallen zu spüren, ohne jedoch die Tiere zu sehen, weil das Wasser undurchsichtig war. Keine zwei Minuten vom Hotel entfernt wohnte eine sechsköpfige Familie in einem Bretterverschlag und wir konnten sehen, dass wir in einem der ärmsten Länder der Welt angekommen waren. Die Kinder liefen meist nackt und alleine herum, niemand kümmerte sich um sie.

Wir verbrachten im Buena Onda Resort unsere ersten Tage. Die Surfspots am Playa Santana waren super und funktionierten auch bei kleinen Wellen, das Essen war gut und die Betten waren es auch. Zwischendurch lagen wir in den Hängematten und planten unsere weiteren Reisestopps. Wir wollten noch unbedingt das Surfstädtchen San Juan del Sur, den Nicaraguasee und die Kolonialstadt Granada besuchen. Während wir die letzten drei Wochen unserer Reise planten, vergingen die Tage mit Surfen und Yoga. Dabei wurden wir einmal von einer riesigen Kröte überrascht. Unglaublich wie massig das Tier war, es konnte kaum mehr hochspringen, sondern nur noch ganz behäbig voransteigen. Ein anderes Mal entdeckte Wolfi am Weg zum Strand einen ausgewachsenen Leguan, der in einem großen Erdloch verschwand. Das erinnerte uns sofort an Fidschi und die dort versehentlich ausgesetzten Tiere. Des Öfteren sahen wir hier auch noch Einheimische, welche auf Ochsenkarren unterwegs waren. Das war hier noch ein gängiges Transport- und Arbeitsmittel. Wenn man genauer hinsah, hatte aber auch Nicaragua einiges zu bieten. Am Auffälligsten war jedoch die große Trockenheit. Wir sahen Kühe auf ausgetrockneten Böden stehen, und das Land wirkte insgesamt sehr staubig. Auch unsere Vermieter erzählten uns, dass sie dringend auf Regen warten würden. Im Ressort war die Stimmung dank der Wellen gut und wir tauschten uns viel mit den anderen Gästen, darunter viele Amerikaner, aus. An unserem letzten Tagen vor Ort tauchten dann noch Amerikanerinnen auf und sorgten für reichlich Verwunderung. Die zwei Mädchen waren wirklich nett, aber alleine überlebensfähig würde ich anders definieren. Am ersten Tag lag die eine der beiden so lange in der Sonne, dass sie am Abend vor lauter Sonnenbrand kaum sitzen konnte. Wir anderen verdrehten nur noch die Augen, denn welcher normale Mensch mit heller Haut legt sich in so einem Land mittags an den Pool? Am nächsten Abend passierte dem gleichen Mädchen noch etwas Schreckliches: Sie war auf einem Moped mitgefahren und hatte natürlich beim Absteigen den heißen Auspuff berührt. Die Brandblase war wirklich groß und wir machten uns Sorgen. Gut ausgerüstet, denn die Mädchen hatten natürlich keine Reiseapotheke mit, boten wir gleich sterile Wundauflagen an. Kaum hatte Wolfi diese für sie geöffnet und an das Mädchen weitergegeben fiel ihr die sterile Seite sofort auf den schmutzigen Boden! Dankend nahm sie diese hoch und noch ehe wir reagieren konnten, drückte sie die schmutzige Seite auf die Wunde. Naja. Als der Verband fertig war, wurde ihr bewusst, dass sie damit nicht mehr ins Wasser durfte. Daraufhin ging sie in der ärgsten Mittagshitze joggen. Vielleicht sollte ich hier erwähnen, dass das gleiche Mädchen am Vortag Party gemacht hatte und ich in dieser Nacht durch die lauten Kotzgeräusche aufgewacht war. Dieselben zwei Troublemaker überredeten Wolfi und mich auch noch zu einem gemeinsam Snack in einem Strandrestaurant. Keine Ahnung warum, aber wir gingen mit. Bis zu diesem Zeitpunkt hatten wir in Nicaragua keine Probleme mit der Verdauung gehabt, doch keine fünf Minuten nachdem wir diese von ihnen ausgewählte Strandhütte verlassen hatten, ging es Wolfi und mir richtig schlecht mit dem Magen. Da beschlossen wir, dass wir uns genug um die zwei gekümmert hatten. Sie schienen Probleme einfach magisch anzuziehen und wir gingen ihnen aus dem Weg. Stattdessen surften wir lieber wirklich gute Wellen und nach sechs Tagen brachen wir Richtung San Juan del Sur auf. Da wir dort nur vier Tage verbringen wollten, ließen wir viel Gepäck hier im Ressort. Das war eine wirkliche

Erleichterung, denn wir wollten hier, genau wie bei unseren anderen Reisen in Zentralamerika auch, mit dem Bus herumreisen. Unser Ressort war nur weit weg von jeglicher Zivilisation, und eine asphaltierte Straße wurde gerade erst, während wir dort waren, gebaut. Wir mussten uns also zuerst mit einem Taxi zirka eine Stunde zum Busbahnhof nach Rivas fahren lassen.

## San Juan del Sur

Unser Fahrer Michael war ein netter Einheimischer und während der Fahrt konnte ich viel Spanisch üben, was mir richtig Freude machte. Er wohnte in einem kleinen Ort am Nicaraguasee, dem größten See Mittelamerikas. Das würde auch einer unserer nächsten Stopps werden und ich fragte natürlich nach den Süßwasserhaien im See. Bullenhaie schaffen es nämlich als einzige Haiart den Salzgehalt im Körper über ihren Urin konstant zu halten und schwimmen so kilometerweit durch Süßwasserflüsse. Im Nicaraguasee gab es früher eine große Haipopulation, diese wurde jedoch bis in die achtziger Jahre gnadenlos überfischt. Wir waren nicht überrascht, als wir wieder einmal folgende Geschichte hörten: Die Finnen der Haie werden nach China verkauft. Da jedoch das Fleisch der Fische schnell verrottet, wird aus den Resten einfach nur Hundefutter gemacht. Unglaublicherweise wird die Fabrik am Ufer des Sees zu guten Zeiten täglich von hundert Booten mit Haifischen versorgt. Täglich! Forscher haben ermittelt, dass ein Regenerationszyklus bei Bullenhaien mindestens 20 Jahre dauern würde. Das ist ähnlich wie bei den Schildkröten. Hier dauert es bis zur Geschlechtsreife ebenfalls 20 Jahre. Und wenn man bedenkt, dass acht von zehn Schildkröten niemals erwachsen werden, dann sind das doch sehr sensible Zahlen. Unser Taxifahrer meinte, er hätte vor ungefähr drei Jahren das letzte Mal einen Hai im See gesehen. Die Zeit verging durch die nette Plauderei wie im Flug und plötzlich standen wir allein im geschäftigen Örtchen Rivas am Busbahnhof, zwischen Dutzenden von Leuten, die entweder mit allem Möglichen beschäftigt waren oder uns anstarrten. Ich wurde nervös: Würde mein Spanisch reichen? Waren unsere Sachen diebstahlssicher verstaut? Welcher war der richtige Bus? Normalerweise war ich immer optimistisch und abenteuerlustig, doch das Erlebnis der anderen Österreicher hatte mich vorsichtig werden lassen. Doch so schnell konnten wir gar nicht schauen, da war unser Surfgepäck auch schon am Dach eines Busses befestigt. Der Bus selbst war schon so angefüllt mit Reisenden, dass ich dachte, wir könnten gar nicht mehr einsteigen. Trotzdem drängten sich auch noch einige Verkäufer mit Cashewnüssen oder Hähnchenflügeln durch. Die Hitze und wirklich überall Menschen, das ist nichts für klaustrophobische Menschen. Ich bin jedoch bekennender Mittelamerika-Fan und liebe diese Busfahrten, obwohl es meistens körperlich sehr anstrengend ist. Wir sind auf diese Art und Weise auch schon durch Ecuador, Panama und Costa Rica gereist. Auf dieser Fahrt zahlten wir für 45 Minuten Busfahrt nicht einmal einen Euro. Natürlich mussten wir stehen, aber die Erfahrung war wieder einmal super. Und der zuletzt ergatterte Sitzplatz bestätigte nur, dass ich größer war als der durchschnittliche Nicaraguaner und mit meinen Beinen nicht wirklich gut in die Sitzreihen passte. Wir beobachteten die anderen Reisenden und sie natürlich auch uns. Im Bus klebte ein Sticker auf dem zu lesen war: „Ich werfe meinen Müll nicht auf die Straße." Gleich daneben stand ein jugendliches Schulmädchen, zerriss kleine Papierzettel und warf die Fetzen während der Fahrt unmotiviert aus dem Fenster. In solchen Momenten bin ich froh, dass ich mich auf Spanisch nicht besser verständigen kann, denn auch hier waren die Straßen voller Plastik und Müll. Das alte und ewige Thema begleitete uns mittlerweile weltweit. Nach einiger Zeit stand zwischen Wolfi und mir ein taubstummer Junge und unterhielt sich mit jemandem in Gebärdensprache. Auch ohne Sprachkenntnisse verstanden wir, dass nur über Mädchen geredet wurde. Die Ausdrucksformen waren einfach international und ich musste schmunzeln.

Wir kamen gut und sicher in San Juan del Sur an. Auf den ersten Blick ein nettes kleines Städtchen, angeblich mit vielen Partynächten. Diese würden wir jedoch auslassen und uns auf den Surf konzentrieren. Wir warteten auf unseren nächsten Bus zum Hotel in Strandnähe, und in einer Cafeteria vertiefte ich mich in ein Gespräch mit einem Kellner. Obwohl ich nicht alles verstand, wurde ich schön langsam wieder vertrauter mit der spanischen Sprache. Und während wir so plauderten, erlebten wir eine

Überraschung: Unsere Nachbarin vom Buena Onda Resort stand plötzlich vor uns, in der gleichen Cafeteria! Was für ein Zufall. Während wir den Weg mit dem Bus zurückgelegt hatten, waren sie mit einem Auto hierher gefahren. Wir plauderten ein wenig und gingen dann zum nächsten Bus. Unser Ziel für die nächsten Tage hieß Casa Maderas und war nur zehn Minuten vom Surfstrand entfernt. Wir fuhren auf Empfehlung der beiden Österreicher dorthin und erreichten das Hotel mittels gratis Transportservice problemlos. Der Fahrer in San Juan del Sur gab uns Touristen gleich die eindeutige Info, welches der Autos wir für den Transport nehmen würden. Er sagte einfach: „Gringos - Pick-up." Wir mussten lachen und trugen unser Gepäck zum Truck. Während der Fahrt zur Casa Maderas erblickten wir die zweitgrößte Christusstatue der Welt. Aus irgendeinem unerfindlichen Grund stand dieses weiße Riesending hier auf der Felswand von San Juan del Sur herum, während die größte in Rio stand. Die Missionierung durch die Christen dürfte hier ebenfalls sehr erfolgreich gewesen sein. Bei dem Hotel angekommen, sprangen wir vom Truck und bekamen einen tollen kleinen Bungalow. Wir packten unsere wenigen Habseligkeiten aus und liefen gleich die zehn Minuten zum Strand. Dabei staunten wir nicht schlecht, denn es ging fünf Minuten steil bergauf und dann steil bergab! Als wir am höchsten Punkt angekommen waren, fuhr ein Jeep mit Surfern vorbei, hielt an und wir sprangen dankbar auf. Die Einheimischen hier waren sehr nett und wir waren froh, dass dieser Reisetag so problemlos verlaufen war. Die Geschichte der ausgeraubten Österreicher hatten wir zwar beide noch immer in unseren Hinterköpfen, doch bisher lief es wirklich gut und die Leute waren alle freundlich. Der Strand, Playa Maderas, war wirklich schön und die Wellen dort ebenfalls toll. In der Bungalowanlage fühlten wir uns auch sehr wohl und wir waren uns einig: Nicaragua war auf alle Fälle eine Reise wert! Leider hatten wir vor Ort noch immer ein wenig Magenprobleme vom Restaurantbesuch mit den Amerikanerinnen.

Nichts desto trotz waren wir am nächsten Morgen bereits früh im Wasser, surften gute Wellen und entspannten uns anschließend in der Hängematte. Wir gewöhnten uns auch schnell an den steilen Hügel und sahen den Marsch zum Strand einfach als zusätzliches Training, bei dem wir einmal sogar ein großes Eichhörnchen beobachten konnten. Kurz darauf erlebten wir hier endlich den ersten Regen. Denn obwohl eigentlich Regenzeit sein sollte, war auch in San Juan del Sur die Landschaft äußerst karg und beinahe alle Flüsse, über die wir fuhren, ausgetrocknet. Die Angestellten der Anlage erzählten ebenfalls, dass es heuer viel zu wenig Regen gegeben hätte. Ganz anderes hörten wir zur gleichen Zeit aus Österreich. Dort war es in den letzten zwei Monaten wirklich schlimm mit dem Regen und dem gesamten Wetter gewesen. Viele Überschwemmungen in ganz Europa und kalte Temperaturen hatten dafür gesorgt, dass bei unseren Freunden und Verwandten keine Sommerstimmung aufgekommen war, und wir waren ganz froh, dass wir nicht daheim waren.

## Unsere Tiererlebnisse

Da wir nur für ein paar Tage in diesem Teil von Nicaragua sein würden, fuhren wir nochmals in das Städtchen San Juan del Sur zurück, um gut essen zu gehen. Wir konnten schon vom Pick-up aus sehen, dass überall in der Gegend gebaut wurde, und bei den Immobilienfirmen waren übertriebene Grundstückspreise angeschrieben. Die Situation erinnerte mich an Costa Rica vor zehn Jahren. Wir spazierten durch den Ort und den Strand entlang und betrachteten die übertrieben große Christus-Statue.

Unser Mittagessen holten wir uns im ältesten Strandrestaurant, in dem die Preise trotz der Tradition so niedrig waren, dass wir etwas ganz Ausgefallenes kosten wollten. Wolfi war motiviert, den in siebenjährigem Rum eingelegten Kraken zu kosten. Ich entschied mich für Tintenfisch, garniert mit Gemüsestücken. Gemeinsam entschieden wir, dass wir unsere Hauptspeisen teilen würden. Doch das vereinbarten wir natürlich, bevor diese serviert wurden. Meine kleinen Meeresfrüchte sah man kaum unter dem Gemüse und ich war höchst zufrieden, doch als Wolfis Essen kam, staunten wir nicht schlecht. Serviert wurden zwei ganze Kraken ohne Kopfteile! Immerhin gab es einen weiteren kleinen Teller mit zwei Kartoffeln für ihn. Das Auge isst ja bekanntlich mit und der Anblick war für uns Binnenstaatler einfach ein Wahnsinn. Ich musste lachen und verweigerte ganz klar den vorher vereinbarten Tausch. Brav aß Wolfi daher beide Kraken, was ich vermutlich gar nicht geschafft hätte.

Das Lachen verging mir jedoch auch ganz schnell, denn am Nebentisch nahmen zwei Touristen Platz. Nach dem Essen nahmen beide ganz selbstverständlich Zahnseide zur Hand und fingen ungeniert an, sich die Zahnzwischenräume zu bearbeiten. Natürlich mit offenen Mund. Als wäre das schon nicht schlimm genug gewesen, hatte die Frau auch noch die Nerven, sich zwischendurch die benutzte Zahnseide an ihrem Rock abzuwischen. Das war derart übel, dass wir fluchtartig das beste und älteste Restaurant der Stadt verlassen mussten! Im nächsten Café erholten wir uns mit einer guten Tasse Cappuccino, lachten über das Erlebte und machten eine fantastische Beobachtung. Am Nachbargrundstück befanden sich ein Gehege mit Enten, Gänsen und Hühnern. Plötzlich flog ein frei lebender, grüner Papagei heran, setzte sich auf den Zaun und beobachtete das Federvieh. Kurz darauf trauten wir unseren Augen nicht. Der wilde Papagei kletterte über den Zaun ins Gehege und spazierte zu einem Hahn. Dort angekommen, begann er, obwohl er wirklich viel kleiner war, das Gefieder des Hahns zu putzen. Der Hahn stand da und schien die Prozedur vollends zu genießen. Zusätzlich verjagte er alle Hühner, welche ihm zu nahe kamen und hielt ganz still.

Abends waren wir zurück in unserem Quartier und unterhielten uns in der Casa Maderas mit einem der Restaurantmitarbeiter. Er erklärte uns ebenfalls, dass die momentane Trockenheit in der Regenzeit sehr ungewöhnlich und schon besorgniserregend wäre. Kaum hatten wir abends mit ihm darüber gesprochen, fing es morgens stark zu regnen an. Das motivierte die Brüllaffen, und wir hörten sie lautstark durch die Landschaft brüllen. Surfen gingen wir trotz des Wetters, einzig vor einem Blitzschlag hätte ich Angst gehabt. Wir hatten viel Spaß im Wasser und machten uns bestens gelaunt auf den Rückweg zum morgendlichen Frühstück. Kaum waren wir jedoch am Strand, kam ein Beagle angelaufen, beschnupperte Wolfi und beschloss sofort, mit uns heim zu gehen. Er lief einfach den ganzen Weg mit, den steilen Berg hinauf und auf der anderen Seite wieder hinunter, bis zu unserer Hotelanlage. Dort lief er durch das offene Tor, rannte um den Pool und verfolgte Wolfi bis zu unserem Bungalow. Wir fragten die Mitarbeiter, ob das Hotel vielleicht einen Hund hätte, denn immerhin hatte er problemlos und noch vor uns hierher gefunden. Doch niemand kannte das Tier. Wir beobachteten ihn noch, wie er fröhlich Schwanz wedelnd am Hotelparkplatz herumlief, und gingen anschließend wie gewohnt frühstücken. Während wir aßen, hörten wir ihn immer noch bellen und als wir nach einer halben Stunde zum Haupttor gingen, stand er noch immer da und freute sich wie verrückt, uns zu sehen. Mir blieb nichts anderes übrig, als mit ihm den ganzen Weg zurück zum Strand zu gehen, denn sonst würden wir den Hund nicht mehr loswerden. Zum Glück überholte uns nach der Hälfte des steilen Berges ein Pick-up und der verspielte Beagle rannte dem Auto nach. Ich lief sofort in die andere Richtung zurück und versteckte mich im Bungalow. Dort hatten uns die Mitarbeiter schon beobachtet und lachten mich ziemlich aus, denn so etwas hatten sie noch nie erlebt. Der Hund verhielt sich ja tatsächlich so, als würde er zu uns gehören. Am gleichen Tag gingen wir nachmittags wieder zum Strand, und da saß der Beagle auch schon wieder. Nur dieses Mal war er an der Leine, denn vermutlich hatten seine Besitzer gemerkt, dass er morgens eine Stunde lang weg gewesen war.

Wir spazierten am selben Tag auch noch zu einem anderen Strand, genannt Playa Marsella. Ein ruhiger

Strand ohne Wellen, perfekt für Fotos, denn wir entdeckten dort eine Brüllaffenherde mit drei Babies und konnten diese lange beobachten. Unser Quartier außerhalb der Stadt sorgte dafür, dass wir die Natur so viel intensiver genießen konnten. An unserem letzten Tag am Playa Maderas standen wir früh auf und surften nochmals gute Wellen. Wir waren ganz traurig, dass dies unser letzter Tag war, denn hier hätten wir es sicher noch einige Tage länger ausgehalten. Der Rücktransport in die Stadt funktionierte einwandfrei und kaum waren wir bei der Busstation in San Juan del Sur angekommen, trafen wir doch tatsächlich nochmals auf die Amerikanerin mit den Brandblasen, welche schon im Buena Onda Resort so auffällig gewesen war. Wir waren uns ziemlich sicher gewesen, dass wir sie nach dem Eklat mit dem Restaurant und der sterilen Wundauflage nie wieder treffen würden. Sie war auch nur für diesen einen Sonntag in die Stadt gekommen, denn sonntags wurde hier „Sunday Funday" gefeiert. Die Touristen kauften sich für 20 Dollar ein Ticket und wurden zu drei Hotelanlagen gefahren. Dort durften sie zwar den Pool benutzen, mussten aber für ihre Drinks nochmals extra zahlen. Nach einer gewissen Zeit fuhr man sie zum nächsten Ressort. Sie passte perfekt hierher, wir fühlten uns mindestens hundert Jahre zu alt dafür und verließen die Partyzone.

Die Busfahrt von San Juan del Sur nach Rivas funktionierte problemlos und sonntags waren auch viel weniger Menschen im Bus. Anders als die Österreicher mit dem Jeep hatten wir bisher auch noch keine gefährliche Situation erlebt. Im öffentlichen Bus schliefen die meisten Menschen sofort ein, vermutlich waren sie müde von der Arbeit. Wir freuten uns, als wir erneut von dem gleichen Fahrer, Michael, am Busbahnhof abgeholt wurden. Auf der Fahrt zurück zum Buena Onda Resort führten wir angeregte Gespräche, dieses Mal vor allem über Salsa. In Zentralamerika spielt Musik und Tanzen eine große Rolle im Alltag. Er war ganz verwundert, als wir ihm erzählten, dass man in Österreich üblicherweise sehr wenig tanzen würde, und Wolfi und ich noch nie in unserem Leben miteinander Salsa getanzt hätten. Sein Blick in diesem Moment war einfach herrlich. Wir hielten am Heimweg auch noch bei einem Supermarkt an und kauften Bananen und Kekse für die arme Familie, welche im Holzverschlag am Strand lebte. Noch am gleichen Tag trafen wir die vier kleinen Kinder und sie freuten sich riesig über die Geschenke. Die Bananen hatten sie schon aufgegessen, da waren wir keine 50 Meter von der Holzhütte entfernt. Wir trafen auch gleich wieder auf das Schweizer Pärchen, welches in der Zwischenzeit hier im Ressort geblieben war. Bei einem Surfausflug zu einem anderen Strand waren sie leider bestohlen worden. Im Nachhinein meinten sie, es wäre klar gewesen, dass so etwas passieren würde. Sie hatten ihre Sonnenbrillen, Flipflops und Handtücher einfach am Strand liegen lassen und waren zum Surfen hinaus gepaddelt. Keine 200 Meter vom Strand entfernt waren einfach drei Jugendliche aufgetaucht, hatten sich seelenruhig die Sachen genommen und waren davon spaziert.

Gegenseitig erzählten wir uns auch noch von den vielen beobachteten Tierquälereien hier im Land. Wolfi und ich hatten schon gesehen, dass ein jugendlicher Einheimischer an einem Schwein vorbeigeradelt war und dieses zugleich gegen den Kopf getreten hatte. Die Schweizer hatten Jugendliche gesehen, die auf einen kleinen, schlafenden Pelikan mit einem Pfosten einschlugen und ihm so den Flügel gebrochen hatten. Als wäre das schon nicht schlimm genug, fingen alle, auch die einheimischen Erwachsenen, zu lachen an. Sie hatten dann auch noch gesehen, wie ein Bauer wie verrückt auf seine Ochsen einschlug und ihnen den Schwanz umdrehte. Der Grund hierfür war die viel zu schwere Ladung, welche sie nicht von der Stelle bewegen konnten. Die Tiere sprangen zwar schmerzgepeinigt hoch, konnten sich jedoch trotz allem nicht fortbewegen. Es war wirklich überall das Gleiche. Bereits 1999 hatte ich in Sumatra beobachtet, wie Jugendliche Babyhunde als Fußbälle verwendeten. Wir diskutierten daraufhin einen spannenden Abend lang, ob mangelnde Empathie für ein anderes

Lebewesen aufgrund von mangelnder Bildung oder fehlendem Sozialgefüge entsteht, kamen jedoch zu keiner Lösung.

## La Isla Ometepe

Ein fixer Bestandteil unserer Reise sollte der Nicaraguasee sein, der zweitgrößte See Mittelamerikas. In dessen Mitte befindet sich die Insel Ometepe, welche von zwei Vulkanen gebildet wird. Wir wollten die Insel unbedingt noch sehen, bevor die Chinesen hier ihr Bauprojekt verwirklichen würden. Noch für heuer im Dezember war der offizielle Baubeginn eines Kanals geplant. Dieses Konkurrenzprojekt zum Panamakanal würde die Gegend mit ziemlicher Sicherheit nachhaltig und für immer verändern. Wir vermuteten nicht zu ihrem Vorteil, und auch die Einheimischen, mit denen wir sprachen, zeigten sich großteils skeptisch. Mit ziemlicher Sicherheit würde dann viel Meerwasser in den See fließen und eventuell die reichen Fischbestände schädigen. Das war den Chinesen vermutlich egal, denn unglaublicherweise gelten 80 Prozent der Flüsse in China als schwer verschmutzt. Ein Land, welches die eigenen Trinkwasserreserven nicht zu schätzen weiß, würde das vermutlich auch nicht in einem anderen Land tun.

Wir surften daher am geplanten Reisetag bereits um fünf Uhr morgens und trafen uns danach mit zwei Schweizern zum gemeinsamen Inselausflug. Für mich war der Ausflug eine willkommene Surfpause, ich konnte meine Arme schon gar nicht mehr heben vor lauter Paddeln. Wir teilten uns mit den beiden ein Taxi zur Fähre. Der See war tatsächlich riesengroß und wir sahen kaum das andere Ufer. Die Bootsüberfahrt dauerte auch wirklich eine Stunde, und rein optisch hatten wir die Distanz völlig unterschätzt. Der See war so groß und erstaunlicherweise gab es sogar richtige Wellen: zwar zu klein, um zu surfen, doch so hoch, dass einem Kind übel wurde und es sich sogar in eine Tüte übergeben musste. Ich hielt mich tapfer mit meinen Reisekaugummis. Es scheint, als hätte ich mein persönliches Heilmittel gefunden. Die Fähre landete im kleinen Hafen von Moyogalpa und wir trennten uns von den Schweizern, welche sofort in den

Dschungel weiter fuhren. Wir wollten zwei Nächte bleiben und hatten uns ein Hotel in Hafennähe gesucht. Dort befanden wir uns auch gleichzeitig im Ortszentrum, so klein war der Ort. Kaum waren wir in unserem Zimmer, fing es auch schon heftig zu regnen an, zum Glück nicht als wir noch am See waren. Das war somit unser zweites Gewitter diese Woche und es tat richtig gut nach der ganzen Hitze! Wir hofften, dass es auch beim Buena Onda Resort regnen würde, denn dort waren die Kühe nur noch zwischen vertrockneten Halmen gestanden. Gleich nachdem sich die Wolken verzogen hatten, spazierten wir noch durch den kleinen Ort und entdeckten tatsächlich einen uralten, riesigen Baum. Die Wurzeln waren so groß und hochstehend, dass man darunter durchgehen musste, um ein Haus zu erreichen! Wir waren beeindruckt!

Für den nächsten Tag hatten wir uns ein Taxi organisiert und gemeinsam mit der netten Rezeptionistin unseres Hotels eine Tagestour geplant. Gleich morgens wurden wir von einem wirklich netten Guide abgeholt, der sogar ein wenig

Deutsch sprach. Darüber waren wir froh, denn am Vorabend hatten wir es hier in einem Restaurant nicht ganz so nett erlebt. Unser amerikanischer Hotelmanager beschrieb die Stimmung sehr treffend: „Sometimes you walk into a restaurant and they treat you like: Why are you disturbing my break that already lasts two hours? (Manches Mal gehst du in ein Restaurant und sie behandeln dich nach dem Motto: Wieso unterbrichst du meine Pause, die bereits zwei Stunden dauert?)." Zu Beginn unserer Tour fuhren wir nach Altagracia, zu den alten Steinskulpturen im Osten der Insel. Ein Schild am Eingang informierte uns, dass wir 50 Cent Eintritt zu bezahlen hätten. Es standen auch zwei einheimische Frauen dort, die wir grüßten. Aber sie würdigten uns keines Blickes. Wir standen also dort und warteten, blickten die Damen an und sie sagten weiterhin – nichts. Nach einer wortlosen Minute gaben wir ihnen das Geld und es erfolgte eine wortlose Annahme. Dann reichte es Wolfi und er ging zu den Steinskulpturen, während ich versuchte, den Frauen Infos über den Ort zu entlocken. Das war kaum möglich, sie wollten einfach nicht mit uns sprechen und wir gingen wieder. In Endeffekt war es dort genau so wie es unser Hotelmanager beschrieben hatte. Im Museum des gleichen Ortes war es dann ein bisschen besser, dort zeigte uns die Dame zumindest den Eingang. Danach wussten wir, dass es auf der Erde vier verschiedene Vulkanarten gibt und hier auf der Isla Ometepe der kleinere der gefährlichere von beiden ist. Der große spuckt angeblich zwar jedes Jahr Rauch aus, aber solche Vulkane explodieren anscheinend nicht so leicht, was wir sehr beruhigend fanden. Unser nächstes Ziel war ein Highlight namens Ojos de Agua. Dort strömt das Süßwasser aus Quellen heraus und wird in zwei Becken gefüllt, welche vor allem durch ihre hellblaue Farbe beeindruckten. Schon beim Aussteigen trafen wir zufällig auf die zwei Schweizer, mit denen wir uns gestern das Taxi und die Fähre geteilt hatten. Was für eine nette Überraschung. Es war wirklich ein schöner Ort und gefiel uns allen sehr gut. Die zwei fuhren danach gleich zurück zum Festland, doch wir setzten unser Sightseeing auf der Insel fort. Unseren nächsten Stopp, den Playa Santo Domingo, konnten wir von einem Restaurant aus gut beobachten. Faszinierend waren für uns immer wieder die hohen Wellen, welche aufs Ufer trafen. Fast hätte man glauben können, wir säßen am Mittelmeer, aber es war doch nur dieser riesengroße See mit Verbindung zur Karibik. Der Weg zum Restaurant bot uns einige Überraschungen. Auf einer Palme entdeckten wir ein Eichhörnchen, welches eine Kokosnuss geöffnet hatte und daraus fraß! Wir hatten bisher keine Ahnung gehabt, dass diese Tiere Kokosnüsse essen würden! Im Restaurant selbst wurden wir von bunten Vögeln belagert, die bis auf unseren Tisch heran flogen. Anfangs war das noch lustig, aber sobald das Essen serviert wurde, verhielten sie sich ganz schön aufdringlich. Der nächste Stopp war die schöne Lagune Chaco Verde, ein grüner See. Gleich als wir aus dem Auto ausstiegen, flatterten verschiedene Schmetterlinge um uns herum. Anscheinend waren diese von der nahe gelegenen Schmetterlingsfarm entkommen. Wir gingen zuerst zum Aussichtspunkt und umwanderten dann die Lagune. Außer uns waren beinahe keine Menschen da, und als wir so vor uns hin wanderten, saß plötzlich eine Landschildkröte auf dem Weg und starrte uns überrascht an. Wir sie auch! Kurz darauf verschwand sie in den Blättern am Wegesrand, und obwohl sie keinen halben Meter neben dem Weg saß, war sie unter den Blättern gänzlich unsichtbar. Die Schmetterlingsfarm wurde danach unser nächstes Highlight. Wir waren die einzigen Besucher und durchwanderten einen überdachten Garten mit kleinem Wasserfall. Die ganze Anlage wurde von klassischer Musik beschallt, es war einmalig. Die Schmetterlinge waren höchst aktiv und ein großes Insekt setzte sich auf Wolfis T-Shirt und blieb die ganze Zeit dort sitzen. Somit spazierte Wolfi mit Schmetterling am Shirt weiter, und erst ganz zum Schluss flog das Tier davon. Unser nächster Stopp wurde der so genannte Punto Jesus Maria. Eine schwarze Sandanhäufung, welche, je nach Wasserstand, bis zu zwei Kilometer in den Lago Cocibolca, also den Nicaraguasee, hinein ragt. Er wurde immer wieder von Wasser leicht überspült, und ein guter Fotograf konnte es so darstellen, als würde man tatsächlich wie Jesus übers Wasser laufen.

Müde und glücklich kamen wir am späten Nachmittag im Hotel an. Der Ausflug war ein tolles Erlebnis gewesen und wir freuten uns schon auf den nächsten Tag. Unser Abendessen planten wir gleich im Nachbarrestaurant, denn dort sollte es tollen Fisch geben. Kaum hatten wir dort Platz genommen, kam ein betrunkenes Familienmitglied mit Whiskeyflasche in der Hand zu uns heraus. Wir waren die einzigen Gäste, weil ein weiteres Pärchen, welches sich gerade setzen wollte, sofort wieder ging. Der betrunkene Mann setzte sich jedoch in unsere Nähe und ich fühlte mich sofort unwohl. Wir wären normalerweise auch sofort gegangen, hätten wir nicht schon die Getränke bestellt. Man hätte eine Stecknadel fallen hören und nur ein paar Minuten später eskalierte die Situation auch schon. Ein kleiner Hund lief bellend vorbei und der Betrunkene war so angenervt, dass er mit voller

Wucht sein Whiskeyglas auf den Hund und die Straße schoss. Es explodierte in tausende Teile. Wir waren wie erstarrt. Zum Glück wankte der Mann daraufhin die Straße hinauf und war nicht mehr zu sehen. Ich fragte die Kellnerin, ob es ein Problem wäre, hier zu essen, und sie sagte: „No". Also blieben wir stocksteif sitzen und warteten auf das Essen. Von unserem Tisch konnten wir bis in die Küche blicken, sahen jedoch die ganze Zeit niemanden kochen. Nach geschlagenen 20 Minuten kam die Kellnerin, wo auch immer sie gewesen war, nochmals heraus und meinte dann: „Hoy no hay comida (Heute gibt es kein Essen)"!

Wir hatten uns absolut nicht wohl gefühlt und wären auch schon viel früher gegangen, waren aber aus Höflichkeit sitzen geblieben. Hungrig fanden wir ein anderes, wirklich schönes Restaurant mit netter Bedienung. Wir mussten dem amerikanischen Manager erneut Recht geben, auf der berühmten Insel war man wohl gar nicht auf Touristen eingestellt. Dabei galt die Isla Ometepe laut

Reiseführer als eine der Haupttourismusgegenden Nicaraguas. Am nächsten Morgen starteten wir frühmorgens unsere Tour auf den Volcano Conception. Wir hatten die Besteigung bis zum ersten Aussichtspunkt geplant, immerhin 1.000 von 1.600 Höhenmetern. Höher hinauf zu steigen wäre anscheinend sinnlos, denn dort war das Wetter beinahe immer schlecht. Wir trafen unseren Guide und fuhren mit dem Bus zum nächsten Dorf, von wo aus die Wanderroute losging. Vier Stunden Gehzeit waren geplant und bereits nach den ersten zwanzig Minuten trafen wir auf Brüllaffen, so genannte Mono Kongs. Sie saßen und kletterten genau in den Bäumen über dem Wanderweg. Fasziniert blieben wir stehen und beobachteten die Tiere. Unser Guide ging dabei immer näher, bis ihm einer der Affen auf die Schulter und den Kopf urinierte! Wir mussten alle lachen. Bereits vor zwei Monaten bei unserem Dschungelsurftrip nach G-Land hatten wir Ähnliches erlebt. Damals hatte ein Affe einer anderen Art ebenfalls von einem Baum hinab direkt in unsere Nähe uriniert. Ich bin mir mittlerweile nicht mehr so sicher, ob das alles Zufälle waren oder die Tiere ihr Missfallen so ausdrückten. Unser Guide war super. Er hatte drei Monate in Deutschland gelebt und sprach tatsächlich viel Deutsch mit uns, nur manchmal etwas unverständlich. Einmal versuchte er mir etwas zu erklären, leider mit sehr konfusen Worten, und als ich sagte: „Luis ich verstehe dich nicht", antwortete er darauf mit: „Ich weiß" und wir mussten lachen. Er wusste so einiges über die Insel und erzählte uns auch, dass wegen des chinesischen Kanalbaus die Errichtung eines neuen Trinkwassersees für die Bevölkerung von Ometepe geplant wäre Anscheinend rechnete die Regierung schon jetzt damit, dass es den See in seiner aktuellen Form dann nicht mehr geben würde. Wie schrecklich es doch war, die Gegend derart kaputt zu machen. Die restliche Wanderung verlief wunderschön. Es war spannend zu sehen, wie sich die Vegetation mit den Höhenschichten veränderte. Von dichtem Bewuchs bis hin zu karger Landschaft sahen wir alles. Beim Aussichtspunkt selbst hatten wir dann wie erwartet heftigen Wind und Nebelschwaden. Wir blieben also nicht allzu lange sondern wanderten den gleichen Weg zurück, ohne nochmals auf die Affen zu treffen.

Wir waren im Zeitplan geblieben und schafften es rechtzeitig zur Bushaltestelle, doch der Mittagsbus kam einfach nicht. Anscheinend war dieser kaputt geworden, weshalb eine halbe Stunde später ein völlig überfüllter und viel zu kleiner Bus ankam. Keine Maus hätte mehr hinein gepasst. Doch uns war das egal, wir mussten zur Fähre. Also verhandelten wir Touristen, mittlerweile zu sechst, so lange mit dem Fahrer, bis wir auf dem Dach mitgenommen wurden! Das war eigentlich der Gepäcksplatz und für Passagiere streng verboten, aber die Busse fuhren ja sowieso nur Schneckentempo und wir mussten wirklich zum Hafen. Bis auf ein paar tief hängende Äste funktionierte die Fahrt auch problemlos und wir zogen einfach hübsch die Köpfe ein. Doch der Fahrer war ziemlich erleichtert, als wir endlich abstiegen. Zurück im Hotel packten wir und holten uns eine Pizza, welche wir auf der Fähre essen wollten. Doch dieses Mal wurde die einstündige Fahrt über den See so richtig heftig. In der Mitte des Sees hatten wir, vermutlich durch den Wind, so große Wellen, dass die Gischt immer wieder ins Boot und auf unsere Sitzplätze spritzte. An Essen war nicht mehr zu denken und einige Touristen wurden immer wieder nass gespritzt. Ich war froh, als ich endlich sicheren Boden unter den Füßen hatte. Erneut holte uns Michael, der nette Fahrer, im Hafen ab. Wir konnten ihm nun jedenfalls erzählen, dass andere Personen auch schon Bullenhaie aus dem See gefischt hatten. Zwar nur kleine, doch in ein paar Jahren würden diese ordentlich groß sein. Wohlbehalten erreichten wir wieder einmal das Buena Onda Resort, um hier die restlichen Surftage zu verbringen.

## Unfälle die wir gerne vermieden hätten

Nach unserer Ankunft waren wir, auch wegen der Wellenvorhersage für die nächsten Tage, topmotiviert. Gleich am nächsten Morgen paddelten wir, wie schon so oft, mit dem Sonnenaufgang um fünf Uhr aufs Meer hinaus. Dort saßen wir, anfangs zu viert, surften ein paar schöne Wellen und waren glücklich über den tollen Start in den neuen Tag. Doch innerhalb kürzester Zeit füllte sich der Surfspot, genannt Popoyo, sehr schnell mit anderen Surfern. Die Wellen hatten eine ganz passable Größe und leider paddelten auch ein paar unerfahrene Surfer um die Wellen. Nach einer Stunde passierte es dann: Einer dieser Surfer wollte in meine Welle einsteigen. Allerdings nicht dort, wo sie wirklich brach, sondern er tauchte einfach irgendwo aus dem Nichts auf. Damit hatte ich einfach nicht gerechnet. Der Surfer konnte seinen Surfversuch nicht kontrollieren und ich konnte nicht mehr ausweichen! Im steilsten Teil der Welle prallten wir mit unseren Körpern und Surfboards brutal zusammen!

In 15 Surfjahren war das mein bisher ärgster Unfall. Es hatte vor acht Jahren schon einmal einen Zusammenstoß gegeben, bei dem mir damals ein blaues Auge geschlagen wurde, als ein Board unkontrolliert auf mich zuschoss, aber dieser Unfall in Nicaragua war um einiges heftiger! Völlig benommen tauchte ich auf und ich bemerkte, dass sich die Leash (Leine) eines Boards um meinen Arm gewickelt hatte. So gefesselt wurde ich gleich von der nächsten großen Welle getroffen und mit dem Surfboard unter Wasser gezogen. Als ich auftauchte, entschuldigte sich der andere Surfer. Wir befreiten uns und er paddelte dank seines größeren Boards auch schnell vom Unfallort weg. Ich war jedoch nicht so schnell und auch noch ziemlich benommen. Die nächste Welle traf mich erneut und innerhalb kürzester Zeit war ich so weit Richtung Strand gespült worden, dass ich mir mein Bein auf den Felsen anschlug. Völlig fertig, mit Kratzern am Bein und ziemlich sauer, erreichte ich den Strand, begutachtete mein Board, welches zum Glück unversehrt geblieben war, und konnte gar nicht glauben was mir soeben passiert war. Zwölf Wochen hatte ich die Reise problemlos überstanden, und in den letzten Tagen passierte so etwas! Wolfi hatte den Zusammenstoß zwar nicht gesehen, aber bemerkt, dass ich weg war. Er paddelte besorgt zu mir heraus und wir vereinbarten, dass ich am Ufer warten und mich von dem Ganzen erholen würde. Vom Strand aus beobachtete ich das weitere Geschehen im Wasser. In der nächsten Stunde sah ich von dem gleichen Surfer noch zwei weitere Kamikaze-Aktionen, bei welchen es noch mehr Verletzte hätte geben können, einfach unglaublich! Wenn einmal so ein Unfall passiert, dann ist das vielleicht noch ein Zufall, doch wenn jemand ständig gefährliche Situationen provoziert, sollte er wirklich aus dem Wasser raus. Wolfi berichtete später, dass er ebenfalls beide Aktionen beobachtet hatte und auch die anderen Surfer Glück gehabt hatten, dass nicht mehr passiert war.

Gemeinsam gingen wir ins Ressort zurück und ich merkte danach, dass ich Ruhe brauchte. Nach dem

Frühstück und ein bisschen Schlaf fühlte ich mich zwar noch nicht viel besser, doch die Wellen waren weiterhin gut. Also beschlossen wir, mittags nochmals surfen zu gehen. Ich war jedoch angeschlagen vom Morgen und merkte im Wasser gleich, dass ich extrem zurückhaltend surfte und ängstlich um mich blickte, um den anderen Surfern bloß ausweichen zu können. So verging die Zeit, und plötzlich kam diese eine perfekte Welle auf mich zu. Die ganze Angst war vergessen, ich stieg ein und surfte bis zum Strand, sogar so nahe, dass ich danach am Ufer stand und darauf wartete, wieder aufs Meer paddeln zu können. Dort sah ich einen Fotografen mit riesigem Objektiv und dachte nur: Warum macht nie jemand Fotos von mir, wenn ich so eine schöne Welle surfe. Danach erwischte ich spannenderweise überhaupt keine einzige gute Welle mehr und wir gingen zurück ins Ressort. Dort unterhielten wir uns mit einem der Schweizer. Er erzählte uns von einer Homepage namens www.nicaraguasurfreport.com, die er gefunden hatte. Es gibt verschiedene Homepages, auf denen wir uns über den so genannten swell forecast, also die Wellenvorschau, informieren, doch diese kannten wir noch nicht. Wolfi warf also noch am selben Abend einen Blick auf diese Seite, um den Wellenbericht für die nächsten Tage zu lesen. Und unglaublicherweise fand er dort ein Foto von mir! Tatsache war: Der Mann am Ufer mit dem großen Objektiv hatte mich tatsächlich fotografiert und das Foto in den Surfreport gestellt. Alle im Ressort freuten sich darüber, allein schon weil der Tag nach dem morgendlichen Unfall doch noch so nett endete. Ich persönlich freute mich ganz einfach, weil es wirklich ein schönes Foto war.

An diesem Abend hatten wir uns auch noch einen Tisch in dem besten und eigentlich auch einzigen Restaurant der Gegend, der Rancho Santana, reserviert. In diesem Luxusressort am Ende des Strandes wohnten die meisten amerikanischen Surfer, welche wir im Wasser trafen. Die zwei Schweizer, welche mit uns schon auf der Isla Ometepe gewesen waren, begleiteten uns und wir verbrachten einen netten Abend zu viert. Der Abend war generell schon toll, das Highlight war jedoch, als plötzlich die amtierende Miss Nicaragua im Restaurant auftauchte! Leicht erkennbar durch die umgehängte Schärpe, welche sie vermutlich seit der Wahl immer tragen musste! Ich erzählte natürlich sogleich von der Miss Austria Cooperation in Österreich, die vermutlich gerade dabei war, mich zu verklagen! Das führte natürlich zu noch mehr Gelächter an unserem Tisch. Die amerikanischen Kinder am Nebentisch fragten dann auch noch ganz aufgeregt ihre Eltern: „Does the Miss Nicaragua also sleep here? (Schläft die Miss Nicaragua auch hier im Hotel?)." Diese Frage wurde von einem der Schweizer, welcher Single war, auch gleich mit: „Same question, different table (Gleiche Frage, anderer Tisch)." kommentiert. Die Eltern lachten mit, die Kinder schauten nur verwundert. Schnell wurde klar, dass keiner von uns am nächsten Tag frühmorgens surfen gehen würde.

Wie vorhergesehen, verbrachten wir den nächsten Tag auf die gemütliche Art und machten mit den zwei Schweizern einen Ausflug zum Playa Colorado. Der Strand war wunderschön und bekannt für Wellen, welche allesamt als halsbrecherische Tubes in Strandnähe brechen. Vom Ufer sah der Surf ganz schön heftig aus, und in der einen Stunde, in der ich gemütlich ein Bananenbrot aß, einen Smoothie und Kaffee trank und den Surfern zusah, wurde klar, dass ich hier nicht ins Wasser gehen würde. Es waren zwar viele Männer im Wasser, doch ich sah eigentlich nur einen einzigen Surfer, welcher aus so einer Tube wieder heraus fuhr, alle anderen wurden gnadenlos vom Board gerissen und an den Strand gespült. Die Schweizer überlegten noch, ob sie sich dass antun sollten, doch für Wolfi war es klar, dass er da sofort rein musste. Ich hatte so meine Bedenken und auch die Schweizer warteten ab, doch tatsächlich, nach einiger Zeit surfte Wolfi seine erste Tube! Es war unglaublich und wie immer hatte ich keine Kamera dabei. Eigentlich hatte ich auch fast alles versäumt, weil ich gerade woanders hingeblickt hatte, aber das erzählte ich Wolfi nicht. Ich sah jedoch sehr wohl, dass er am Schluss von einer Welle böse auf den Strand geworfen wurde, und nach einer dreiviertel Stunde stand Wolfi bereits wieder neben mir. Er meinte, nach dieser Surfsession fühle er sich wie nach einem harten Eishockeymatch. Diese realistische Einschätzung der Situation da draußen führte auch dazu, dass die zwei Schweizer erst gar nicht ins Wasser gingen. Man sollte wirklich seine Grenzen kennen, denn an unserem Hausstrand war es um einiges gemütlicher. Also fuhren wir dorthin und hatten eine weitere tolle Surfsession.

Für unseren letzten Strandtag hatten wir, wieder gemeinsam mit den Schweizern, einen Bootstrip zu zwei verschiedenen Surfspots geplant. Ich wurde jedoch schon am Vorabend nervös, denn die Vorschau sagte bereits doppelt so hohe Wellen wie zuvor an und ich hatte noch immer Rückenschmerzen von meinem Zusammenstoß. Zusätzlich hatten wir uns an einem Abend auch noch über die so genannten „Freaksets" unterhalten. Jeder Surfer kannte das: Wenn man eine zeitlang im Wasser war und surfte, kamen zwischendurch immer wieder, wie aus dem Nichts, Wellen die größer, härter und intensiver waren als alle anderen. Ich las natürlich im Internet nach und ein Artikel sagte außerdem, dass diese Wellen wirklich immer kommen würden und die dreifache Größe der offiziell angekündigten Wellen haben würden. Wir lachten alle, denn rückblickend würde das einige große Wellen dort draußen erklären. Um fünf Uhr morgens brachen wir jedoch letztendlich mit unserem Surfguide zu sechst in Richtung Hafen auf und fuhren von dort mit dem Boot zu einem Spot namens Playground. Alle waren bestens gelaunt, doch ich hatte so meine Bedenken. Und wirklich, als wir ins Meer sprangen, waren die Wellen genau so groß wie angekündigt und für meine Surfkenntnisse viel zu riesig. Zusätzlich war ich auch noch ein wenig angeschlagen von dem Unfall, der erst zwei Tage her war. Nichtsdestotrotz paddelte ich ins Line-up und versuchte die kleineren Wellen anzupaddeln. Ich war müde, hatte Rückenschmerzen und fühlte mich einfach nicht wohl im Wasser. Da ich zu sehr mit mir selbst beschäftigt war, übersah ich am Horizont mein persönliches „Freakset". Ich drehte mich um und sah plötzlich eine riesige Wasserwand mit unglaublicher Geschwindigkeit auf mich zurasen. Wolfi lag zirka fünfzig Meter vor mir auf seinem Board, warf dieses sofort zur Seite und tauchte tief unter der Welle durch. Eine weitere Möglichkeit war, in einer solchen Situation das Board mit dem Bein unter Wasser zu drücken – ein so genannter Duck Dive. Leider hatte ich mich in dieser Stresssituation für diese Variante entschieden, allerdings zu spät, weshalb ich ganz einfach chancenlos war. Die Welle traf mich mit voller Wucht, mein Board wurde mir aus den Händen gerissen und traf mich mit voller Wucht im Gesicht. Danach wurde ich so lange unter Wasser gedrückt, dass ich am Ende dachte, jetzt würde ich ertrinken. „Selbst schuld", dachte ich und kam hoch für ein paar Atemzüge, bevor mich schon die nächste Welle traf. Auch hart, jedoch nicht mehr mit der unglaublichen Wucht der ersten, da ich jetzt ja hunderte Meter weiter Richtung Ufer lag. Zum Glück gab es danach eine Wellenpause und ich konnte aus der gefährlichen Zone paddeln. Ich hatte sofort Kopfschmerzen und einen steifen Nacken. Das waren die ersten 15 Minuten unseres Boattrips. Die Wellen hatten mich verprügelt und ausgespuckt. Normalerweise definiere ich Urlaub ganz anders. Zurück am Boot kühlte ich die eine Seite meines Gesichtes mit Eis und sah den anderen beim Surfen zu. Ich konnte nicht glauben, was soeben passiert war. Wir fuhren dann noch zu einem zweiten Spot, genannt Lances Left. Dieser unterschied sich gewaltig von Playgrounds. Die Wellen waren dort teilweise so gemütlich, dass sie gar nicht surfbar waren und wir mussten hart paddeln. Meine letzte in Nicaragua gesurfte Welle war allerdings noch wunderschön und versöhnte mich mit den beiden anderen Erlebnissen.

Kaum zurück im Ressort packten wir unsere Taschen für das letzte Abenteuer zusammen und nahmen noch am gleichen Nachmittag unseren Transport zum nächsten Ziel, der Kolonialstadt Granada.

# Granada

In dieser alten Kolonialstadt wollten wir die letzten beiden Tage unserer dreimonatigen Reise verbringen. Aufgrund der Handelsroute über den Nicaraguasee war diese Stadt einst einer der bedeutendsten Häfen in Zentralamerika gewesen. In Grenada angekommen, checkten im wunderschönen Hotel Patio del Malinche ein. Granada ist bekannt für wunderschöne Häuser mit geschmackvollen Innenhöfen, und genau so ein Hotel hatte ich für uns reserviert. In der totalen Wohlfühlatmosphäre saß ich nun mit schmerzendem Nacken in einem Schaukelstuhl und beschloss, dass ich jetzt erstmals Urlaub brauchen würde! Nur noch zwei Tage und wir würden heimfliegen! Das Abendessen nahmen wir im angeblich besten Steakrestaurant des Landes, El Zaguan, ein. Und tatsächlich aßen wir dort vorzüglich und ließen die ersten Eindrücke der bunten Stadt auf uns wirken. Und wie immer fielen wir früh am Abend, völlig erledigt von den letzten drei

Tagen, ins Bett. Habe ich schon erwähnt, dass wir urlaubsreif waren?

Granada enttäuschte uns nicht. Wir hatten vorab im Internet von einem Sozialprojekt gelesen, wo blinde Menschen massieren würden. Eine wunderbare Idee und bereits am ersten Vormittag lagen wir dort, im Euro Cafe, am Massagetisch und entspannten uns. Mittags saßen wir bei strömenden Regen im schönen Innenhof des Garden Cafés, genossen unser Essen und waren rundherum glücklich. Sobald der Regen nachließ, mieteten wir eines der berühmten Horse and Carriage und fuhren damit durch die Stadt. Ein Tourguide holte uns dann noch am späten Nachmittag für die Nachttour auf den Vulkan namens Masaya ab. Wir hofften, endlich einen aktiven Vulkan mit glühender Lava zu sehen. Nicaragua besitzt beinahe die höchste Anzahl an Vulkanen weltweit (Chile besitzt die meisten), und von den 27 waren immerhin 11 Vulkane aktiv. Der Vulkan Masaya war hier sehr leicht besteigbar, denn eine Straße führte bis zum

Kraterrand. Gespannt hörten wir zu, als hier zum ersten Mal ein Guide über den Bürgerkrieg sprach. Genau als wir am Kraterrand standen, denn Regimegegner waren damals in den Vulkan geworfen worden. Vielleicht auch ein Grund warum es die tolle Straße gab? Diese Frage ließ der Guide mit einem Lächeln unbeantwortet und uns Touristen stellten sich die Haare im Nacken auf. Leider sahen wir während der Tour keine rot glühende Lava. Intensiver Regen hatte dazu geführt, dass zu viel Dampf entstanden war. Dafür gingen wir in eine tiefe Höhle und beobachteten eine unglaubliche Vielzahl an dort lebenden Fledermäusen. In der gleichen Höhle hatten sich während des Krieges Personen versteckt, in vollkommener Dunkelheit. Und noch viel früher waren Menschen darin geopfert worden. Wir kauerten fasziniert in der dunklen Höhle und beobachteten, dass die vielen Tiere einfach nicht in der Luft zusammenstießen.

Von den vielen Geschichten erholten wir uns gleich am nächsten Tag bei einer weiteren Massage der blinden Einheimischen. Danach hatten wir bei tollem Wetter eine Bootsrundfahrt um die sogenannten Isletas gebucht. Damit bezeichnen die Einheimischen zirka 360 kleine Inseln im Nicaraguasee. Zum Teil waren diese unbewohnt oder aber auch mit schmucken Häusern zugebaut. Natürlich bauen und leben dort nur die Reichen, und das auch meistens nur am Wochenende. Unser Guide erzählte, dass man auf den Inselchen keine Steuern zahlen muss, denn Wasser und Kanalisation konnten nicht von der Gemeinde zur Verfügung gestellt werden. Somit funktionierte jede Insel völlig autark. Eine der Inseln war wirklich außergewöhnlich. Dort hatte ein Tierarzt fünf Affen ausgesetzt, welche ein Zoo nicht hatte aufnehmen wollen. Die Insel war wirklich klein und Futterbäume gab es keine. Bei jedem Boot sprangen die Affen also sofort heran, weil sie auf Futter hofften. Grundsätzlich schienen sie sich dort wohl zu fühlen, denn es hatte Nachwuchs gegeben. Auch bei dieser Rundfahrt erzählte der Guide von der Diktatur. Interessanterweise war der See nämlich an einigen Stellen in Ufernähe so tief, dass Fähren repariert werden konnten. Der Guide meinte, diese Ufernähe wäre in Zeiten der Diktatur äußerst praktisch gewesen. Der damalige Präsident Samosa ließ nämlich politische Gegner dorthin bringen, beschweren und für immer auf den Grund des Sees sinken. Da saßen wir also im Boot und blickten auf die stille Wasseroberfläche. Wir Touristen hatten natürlich Fragen zu damals und er erzählte uns folgende Geschichte: Wenn jemandem aus der Familie Samosa ein Grundstück gefiel, er es kaufen wollte und der Besitzer sich weigerte zu verkaufen, dann war dieser nach einer Woche entweder im Gefängnis oder tot. Das hatte dazu geführt, dass mit Ausbruch des Bürgerkrieges die Familie Samosa in Nicaragua Landbesitz in der Größe des Nachbarstaates, El Salvador, besaß. Eine einzige Familie! Was für eine Ungerechtigkeit. Oft fragt man sich, wie es sein kann, dass reiche Menschen keine Empathie für arme Menschen empfinden. Auch jetzt teilen sich nach wie vor sechs Familien den gesamten Reichtum des Landes auf. Wie überall war Arm und Reich nicht gut verteilt. Dabei würden die Armen oft nur ein bisschen mehr brauchen, und die Reichen würden es vermutlich gar nicht merken, wenn sie ein paar Scheine weniger hätten.

## Der Kratersee Apoyo

Der letzte Nachmittag in Nicaragua sollte noch einmal etwas ganz Besonderes werden. Wir blieben daher am Weg nach Managua noch bei der so genannten Laguna de Apoyo stehen. Wir fuhren den Rand eines Vulkanes hinauf und standen plötzlich an einem Kratersee mit Verbindung zum Meer. Rund um die Lagune war das Ufer dicht und grün bewachsen, einfach wunderschön und genau das Richtige, um noch einmal zu entspannen. Wir bezahlten Eintritt in der Anlage namens Posasa de la Abuela, die mit einem österreichischen Freibad verglichen werden kann. Wolfi war schon auf der Fahrt dorthin übel geworden. Jetzt hatte ich meine Reisekrankheit unter Kontrolle und er fing plötzlich an damit. Ich musste schmunzeln. Wir tranken Eistee, blickten aufs Wasser und sprangen vom Steg in die Fluten. Für uns war unerklärlich, wie es mitten im Land eine Verbindung zum Meer geben konnte, doch das Wasser schmeckte tatsächlich etwas salzig und der Wind produzierte sogar Wellen. Eigentlich fühlte es sich durch den See wie Urlaub in Österreich an und wir hingen unseren Gedanken nach. Das sollte es also gewesen sein? Hatten wir wirklich das Allerbeste aus diesen 13 Wochen gemacht? Waren wir bereit für die Heimreise? Abgelenkt von diesen und ähnlichen Gedanken besuchte ich die im Dschungel gelegene Toilette. Auf dem Rückweg raschelte es in den Blättern über mir und ich sah Brüllaffen herumklettern. Voller Freude und mit Blick nach oben stieg ich auf die nächste Stufe. Und als ich erneut nach unten blickte, wäre unsere Heimreise beinahe kein Thema mehr geworden, denn ich war tatsächlich nur fünf Zentimeter neben eine giftige Schlange getreten! Diese war gerade damit beschäftigt, die Betonstufen hinauf zu kriechen, und mein Fuß war direkt neben ihren Körper gelandet. Ich hatte und habe eigentlich keine besondere Angst vor Reptilien, aber in dieser Situation entkam mir ein ordentlicher Schrei und ich bekam Herzrasen. Zum Glück war das Tier genauso überrascht wie ich und kroch einfach weiter. Nicht auszudenken, was passiert wäre, wenn ich darauf gestiegen oder gebissen worden wäre. Die Mitarbeiter der Anlage begutachteten die Schlange und kamen überein dass dies „Muy grande y muy peligroso (sehr groß und sehr gefährlich)" gewesen wäre.

Das war dann also nach dem Surfunfall und den viel zu großen Wellen meine dritte extreme Erfahrung in sechs Tagen. Zuvor hatten wir 12 ganze Wochen einfach keine Erlebnisse dieser Art gehabt, und in den letzten Tagen erlebte ich einen Adrenalinüberschuss nach dem anderen. Nach der Schlangenbegegnung war ich endgültig urlaubsreif, obwohl vermutlich jeder in Österreich davon ausgehen würde, dass ich bestens erholt ankommen würde.

## Die Heimreise

Als wir noch am gleichen Abend im Hotel am Flughafen Managua ankamen, war ich völlig erschöpft. Noch in der Nacht entwickelten sich, mit ziemlicher Sicherheit stressbedingt, unglaubliche fünf (!!) Fieberblasen auf meinen Lippen. So einen Anfall hatte ich bis dahin überhaupt noch nie gehabt. Was ich nun wirklich brauchen konnte, waren Ruhe und Erholung. Zum Glück verlief der Rückflug genau wie ich es vor Monaten geplant hatte. Auf unserem ersten Flug von Managua nach Atlanta City saßen wir neben einer netten Familie mit zwei Kindern. Das Mädchen hatte tatsächlich den ganzen Flug über ein glitzerndes Diadem im Haar. Mit diesem konnte sie, ohne es abnehmen zu müssen, mit den Kopfhörern TV schauen. Wir Mädchen sind halt Prinzessinnen und mit einer Krone hätte das nicht so funktioniert. Das hatte sich die Mutter sehr gut überlegt und das Mädchen war zufrieden. Der kleine Junge war typischerweise eher pragmatisch veranlagt. Seine Mutter gab ihm Kekse zu essen, und als er fertig war sagte er zu ihr: „Mum I'm done what's next? (Mama ich bin fertig was gibt es als Nächstes)?" Daraufhin wurde sie etwas nervös und sagte: „Honey, I don't have anymore. (Liebling mehr Essen habe ich nicht)." Daraufhin wurden wir nervös, denn nichts war schlimmer als quengelnde Kinder an einem Platz ohne Ausweichmöglichkeit. Doch die beiden schliefen wie wir sofort ein. Leider war es im Flugzeug der amerikanischen Fluglinie auch typisch amerikanisch kalt. Wir froren mit Jacken, während die Amerikaner in kurzen Hosen neben uns saßen. Völlig ruhig verlief auch der Anschlussflug nach Amsterdam und wir landeten planmäßig nach dreizehn Wochen in Wien. Wie vor Monaten vereinbart, wurden wir von unserem Kletterpartner abgeholt und hatten noch ein paar Tage Zeit zum Akklimatisieren.

# Epilog

Es war schon erstaunlich, wie schnell wir uns wieder daheim einlebten und wie gewohnt zur Arbeit gingen. Unser Nachbar hatte seinen grünen Daumen bewiesen und es geschafft, in unserer Abwesenheit eine Ananas in unserem Wohnzimmer zu züchten! Wir hatten das fünf lange Jahre versucht und waren gescheitert. Unsere Familien und Freunde freuten sich über die spannenden Geschichten und waren froh, dass alles problemlos geklappt hatte. Wir hielten weiterhin Kontakt mit den Menschen, welche wir unterwegs getroffen hatten. Allen voran mit Damien, dem netten Australier. Die Wirklichkeit mit ihren festen Terminen hatte uns wieder, doch die Erlebnisse hatten uns auf positive Art und Weise verändert.

Wir hatten erlebt, wie andere Menschen leben, ihre Beziehungen führen, ihr Geld verdienen. Wir hatten fremde Sprachen gesprochen und neue Speisen probiert. Wir waren um die ganze Welt gereist. Es war fantastisch gewesen.

Zirka zwei Monate nach unserem Reisestart wurde über der Ukraine ein Passagierflugzeug der Malaysia Airlines Nummer MH17 abgeschossen. Das war auch genau unser erster Flug gewesen, welchen wir von Amsterdam nach Kuala Lumpur genommen hatten. Dieses tragische Ereignis hätte auch uns jederzeit treffen können. Das machte uns noch bewusster, wie einmalig und wunderbar diese Reise gewesen war, und wir waren zutiefst dankbar, dass diese drei Monate wirklich stattgefunden hatten.

Ein Jahr später sitze ich mit Wolfi auf den Azoren. Meine portugiesischen Sprachkenntnisse bewegen sich bei Null und so habe ich es geschafft, mir statt leckeren Muscheln 10 Stück Schnecken zu bestellen. Napfschnecken mit Köpfen und kleinen Fühlern, worauf sich die Augen gut sichtbar befinden, um genau zu sein. Wolfi lehnt sich zufrieden zurück, und ich weiß: Das hier ist die Rache, weil ich damals den Kraken in Nicaragua nicht geteilt hatte. Wirklich übel die ganze Sache, doch ich mache die Augen zu und durch.

Die Fotos zu unserer Reise und noch viel mehr
Infos findet Ihr unter:

**www.surftravelling.at**